Lange-Ernst · Fünfzig Jahre dreißig sein

Die Reihe »Gesundheit 2000 – Vorsorge und Selbsthilfe» umfaßt folgende Bände:

Gesund durch Spurenelemente. (10396)
Bluthochdruck – Kampf dem leisen Killer. (10400)
Fünfzig Jahre dreißig sein. (10407)
Rätselkrankheit Allergien. (10415)
Schlafen können. (10433)
Die Haut – unsere empfindsame Hülle. (10442)

Weitere Bände folgen.

Maria-E. Lange-Ernst

Fünfzig Jahre dreißig sein

Jung bleiben, Kraft gewinnen,
Lebensfreude steigern,
Selbstheilung aktivieren

Goldmann Verlag

Redaktion: Annemarie Bruhns

Der Goldmann Verlag
ist ein Unternehmen der Verlags-
gruppe Bertelsmann

2. Auflage

Umschlaggestaltung: Design Team München
Printed in Germany · ISBN 3-442-10407-6

Es gibt Greise mit 30
und Jugendliche mit 85.
Es sind der Geist
und die Lebensführung,
die jung erhalten.
Der Körper spielt
da lange mit.

PETRA SCHÜRMANN
Miss World 1956

Inhalt

Vorbemerkung zur Buchreihe »Gesundheit 2000 – Vorsorge und Selbsthilfe«

»Gesundheit ist zwar nicht alles, aber ohne Gesundheit ist alles nichts«, sagt der Volksmund und trifft damit den Nagel direkt auf den Kopf.

Über 80% der Bundesdeutschen setzen die Gesundheit an die Spitze ihrer persönlichen Wünsche, noch weit vor Frieden, Arbeit und Wohlstand. Jedoch stehen der Gesundheit – unserem höchsten Gut – vielfach eingefahrene Verhaltensweisen, Unsicherheit in Gesundheitsfragen und ein krankmachender Lebensstil entgegen.

Gesundheit ist keine Ware, die man kaufen oder mit einer Versicherung schützen kann. Sie ist ein Anliegen, das unser aktives Bemühen voraussetzt, Tag für Tag etwas für die Gesundheit zu tun, und nicht – wie landauf, landab üblich – sehr viel dagegen. Die spektakulären Erfolge der Medizin im Verlauf des 20. Jahrhunderts haben die Menschen bequem und den Arzt zur Symbolfigur eines schier unbegrenzten Fortschritts gemacht, und die meisten unter uns erwarten, daß Medikamente ihre gesundheitlichen Sünden rasch vergessen lassen. Der Traum von der perfekten Heiltechnik, geboren aus einer kurzsichtigen Anspruchshaltung, daß die Medizin in der Lage sei, dem Menschen ein langes Leben in permanenter Frische zu garantieren, platzte wie eine Seifenblase vor der Realität: unsere Gesundheit ist in dieser Form nicht mehr bezahlbar. 229,2 Milliarden DM sind 1984 in der Bundesrepublik für die Gesundheit ausgegeben worden. Wie das Statistische Bundesamt in Wiesbaden mitteilte, betrugen die Gesundheitskosten – umgerechnet pro Kopf der Bevölkerung – 3747 DM. Die beängstigende Kostenexplosion des kranken Gesundheitswesens steht in keinem Verhältnis zur Zielsetzung, die Gesundheit der Bevölkerung zu verbessern.

Nun rufen die Gesundheitspolitiker den mündigen Bürger auf den Plan. Schlagworte wie »Stärkung der Selbstverantwortung« und »Selbstbeteiligung« machen allerorten die Runde, die Krankheitsvorbeugung wird zur Zauberformel, aus der verfahrenen Situation herauszufinden. So weit, so gut: die Welt um uns her ist in einem schnellen Wandel begriffen, wer mithalten will, muß lernen, sich umzustellen. Die medizinischen Standardpraktiken und die Arbeit der Gesundheitsdienste repräsentieren keineswegs Veränderung, Transparenz und Fortschrittsdenken. Noch immer stehen kurative Maßnahmen im Vordergrund, und die Vorbeugung spielt eher die Rolle eines umhergestoßenen Hundes, den keiner haben will. Es geht nicht nur darum, verlorene Gesundheit mit technischer Perfektion wiederherzustellen, sondern die Ursachen frühzeitig zu erkennen und allgemein verständliche Aufklärungsarbeit zu leisten, die ein jeder von uns in seinem Alltag umsetzen kann.
Die Buchreihe »Gesundheit 2000 – Vorbeugung und Selbsthilfe« hat sich zum Ziel gesetzt, praxisnahe Informationen anzubieten, die der Motivation dienen, das gesundheitsgerechte Verhalten zu bestärken. Die Weltgesundheitsorganisation definiert ihr Motto »Gesundheit für alle bis zum Jahre 2000« als »vollkommenes körperliches, seelisches und soziales Wohlbefinden«. Zugegeben: Dahinter verbirgt sich ein hoher Anspruch, der es nicht verdient, zerredet, sondern in die Tat umgesetzt zu werden, weil seine Verwirklichung viele Menschen mit Gesundheit und Lebensfreude belohnt.

Maria-E. Lange-Ernst

1. Kapitel
Jungbleiben – ein uralter Traum der Menschheit

Der äußerst faszinierende und in zahlreichen Legenden beschriebene Gedanke, Jugend und Schönheit durch das Bad in dem heilenden Wasser eines Jungbrunnens wiederzugewinnen, versinnbildlicht den Uralttraum des Menschen, lange zu leben, aber niemals zu altern. Das ausgehende 20. Jahrhundert verdeutlicht dieses Anliegen in besonderem Maße. Wir möchten alle jugendlich, leistungsfähig, gesund und beweglich, erfolgreich und gutaussehend sein und bleiben. So wollen es schließlich die allgegenwärtige Werbung und der technokratische Fortschrittsglaube. Bereits die alten Hindus glaubten an ihre heiligen Quellen ewiger Jugend, und die Juden tauchten in den Fluß der Unsterblichkeit ein, der – wie sie meinten – direkt aus dem Garten Eden gespeist wurde. Gott Jupiter verwandelte die Nymphe Juventas in einen heiligen Brunnen, der nicht nur berauschende Düfte verströmte, sondern Gesundheit und Jugend versprach.

Im Jahre 1512 begleitete Ponce de Leon, Page am königlichen Hof von Aragon, Christoph Columbus auf eine Expedition in die Neue Welt, um endlich die Quellen ewiger Jugend aufzuspüren. Sie sollten angeblich auf einer Insel mit dem Namen Bimini zu finden sein. Der königliche Page kam allerdings nur nach Florida, das heute als das größte Altenheim der Welt bezeichnet wird, um dort im Alter von 61 Jahren am tödlichen Gift eines Indianerpfeils zu sterben.

Auch die Bewohner des Abendlandes glaubten an die heilenden und verjüngenden Kräfte mineralreicher Quellen und Brunnen, beispielsweise in Vichy, Godesberg oder Bath. Man betete zuvor und wünschte sich, in den warmen Thermalquellen von den Gebrechen des Alters befreit zu werden.

Die Legende berichtet, daß die Göttin Sul die Badenden beschützte, deren Verhalten während der Prozedur keineswegs als tugendhaft galt, sondern vom Laster und der Wollust umgeben war.

So lange die Erde Menschen beherbergt, existiert offenbar das dringende Verlangen, den biologisch vorgezeichneten Zerfall der körperlich-geistigen und seelischen Kräfte abzuwenden. Sehr häufig gingen die Menschen dabei Scharlatanen auf den Leim, die mit Hilfe von allerlei Kräutlein, Hexerei und seltsamem Gebräu das Leben zu verlängern versprachen. Den übertriebenen Hoffnungen waren jedoch nur allzu verständliche Grenzen gesetzt.

Wenn schon das irdische Leben bestimmten Zeitabläufen unterlag und letztendlich kein Kraut gegen die Plagen des Alters gewachsen war, so hoffte man wenigstens auf eine – wenn auch ganz andere – Möglichkeit der Unsterblichkeit. Die Pharaonen errichteten Pyramiden, und die Christen bauten Kathedralen, um auf das erhoffte ewige Leben nach dem unvermeidlichen Ende des Erdendaseins hinzuweisen.

Die Geschichte der Menschheit ist allerdings auch von Sagen und Mythen umwoben, daß zuweilen ein außerordentlich langes Leben erreichbar sei. So heißt es in der Genesis, daß Noah und alle Menschen zuvor sich eines viel längeren Lebens erfreuten als jene Erdenbewohner nach der Sintflut. Der griechische Dichter Hesiod berichtete von Menschen, die sehr lange lebten und überhaupt nicht alt wurden, die lediglich still und zu angemessener Zeit in Schlaf versanken und in einen sanften Tod hinüberglitten. Eines der bekanntesten Beispiele außerordentlicher Langlebigkeit ist die überlieferte Geschichte des englischen Bauern Thomas Barr. Er soll länger als 150 Jahre gelebt haben und nährte sich kärglich von dunklem Brot, Früchten, Kräutern und etwas Käse. Im Jahre 1635 wurde er an den Hof von König Charles gebracht, um das Geheimnis seiner erstaunlichen Vitalität preiszugeben. Während dieses Unterfangens wurde Thomas Barr dermaßen reichlich mit Speis und Trank verwöhnt, daß der Hochbetagte kurz darauf von Schmerzen geplagt an Übersättigung verstarb. Damit ist die Überlieferung aber keineswegs zu Ende. Der berühmte Entdecker des Blutkreislaufs, der britische Forscher William Harvey, soll die Autopsie des Thomas Barr vorgenommen und hinterher berichtet haben, daß er das 152 Jahre alte Gehirn und die Organe seines Landsmannes bei bester Gesundheit vorfand.

Von Angehörigen ferner Volksstämme wie den Huncas in den Bergen und Wäldern von Kaschmir, den Bewohnern von Vilcabamba in Ecuador oder des Kaukasus verbreitete sich Aufsehenerregendes. Sie lebten nicht nur überdurchschnittlich lange, sondern erfreuten sich dabei erstaunlicher Gesundheit. Jedoch ergaben Nachforschungen durch Wissenschaftler der Universitäten von Kalifornien und Wisconsin in Kirchenbüchern und standesamtlichen Registern, daß beispielsweise der älteste lebende Einwohner von Vilcabamba »lediglich 96 Jahre alt geworden war«. Die Begeisterung hielt sich also in Grenzen, zumal es »Langleber« allerorten und insbesondere in den hochzivilisierten Industriestaaten dieser Welt mit ansteigender Tendenz gibt.

Es zählt zu den bedeutendsten Fortschritten unseres Jahrhunderts, daß der Mensch seine Lebenserwartung in etwa verdoppelt hat. Einige Wissenschaftler bekräftigen sogar die Vermutung, daß sich das Menschengeschlecht »in einem einzigartigen Augenblick seiner Geschichte und Evolution befindet«. Es heißt demnach, daß wir unsere natürliche und statistisch ausgewiesene Lebenserwartung von derzeit etwa 75 Jahren um weitere 50 Prozent, vielleicht um viel mehr verlängern könnten.

So gehört die Frage: Möchten Sie 120 Jahre alt werden? keineswegs in den Bereich der Utopie. Wer will überhaupt so alt werden? könnten Sie entgegnen. Schließlich erscheint es allgemeinhin keineswegs erstrebenswert, so lange auf dieser Erde zu leben, wenn man das Alter unter den Gegebenheiten betrachtet, mit denen es besetzt ist. Würden Sie sich die Angelegenheit aber durch den Kopf gehen lassen, wenn Sie sich mit 50 oder 60 Jahren wie 30 fühlen könnten, mit 60 oder 70 Jahren über die Vitalität eines 40jährigen Menschen verfügten und obendrein noch besser aussähen als beispielsweise ein Freund oder Nachbar an seinem 50. Geburtstag? Wenn die Angst vor dem geistig-körperlichen Abbau, den vermeintlichen Schmerzen und Depressionen und dem fortschreitenden Energieverlust zu bannen, der gefürchtete Alterungsprozeß hinauszuzögern wäre, würden Sie dann das Angebot annehmen, jugendlich und gesünder sehr alt zu werden? Keine Frage ... Sie sagen: *Ja!*

Ich möchte Ihnen sofort verständliche Bedenken nehmen. Es geht hier keineswegs um allerlei Wunderkräuter und Tinkturen, hinterhältige Werbung oder Quacksalberei aller Art. Es soll vielmehr aufgezeigt werden, was die internationale Wissenschaft über Ursachen und Auswirkungen des Alterns und die Kontrolle von Abbauprozessen in jüngster Zeit herausfand. Weiterhin sollen verschiedene vorsorgende Maßnahmen beschrieben und solche Therapien dargestellt werden, die zahlreiche Menschen bereits erprobten, um ihre Lebenszeit nicht nur zu verlängern, sondern die Qualität der gelebten Jahre – die sie die Goldenen nennen – eindeutig zu verbessern. Dazu gehört das Wissen um ganz bestimmte Prozesse im menschlichen Organismus, die sich anfänglich unbemerkt einschleichen und dann Schritt für Schritt ausweiten, um schließlich den gefürchteten Zustand des Alters mit allen seinen negativen Auswirkungen zu beschleunigen.

Es ist außerordentlich wichtig, die Urbausteine unseres Lebens, die Zellen, kennenzulernen, die Tätigkeit von Drüsen und Organen zu begreifen und die große Palette der Maßnahmen zu verstehen, die das körpereigene Abwehrsystem unterstützen. Kurz gesagt: Um jung und gesund alt zu werden, müssen sensible, biochemische Abläufe unseres Körpers durchleuchtet, erfaßt und verstanden werden.

Die Gerontologie (Alterswissenschaft) befaßt sich mit den unterschiedlichen biologisch bedingten, aber auch hausgemachten Veränderungen des menschlichen Körpers in allen Lebensphasen. Sie ist eines jener jungen Teilgebiete der modernen Medizin, deren Zielsetzung stets an Bedeutung zunimmt und folgendermaßen lautet:

- *Nicht die Verlängerung der gelebten Jahre schlechthin kann oberstes Gebot sein, sondern vielmehr vorbeugende, ganzheitliche und verständliche Möglichkeiten darzulegen, Alterungsprozesse zu verlangsamen und das Tempo der biologischen Altersuhr aufzuhalten.*

Was bedeutet es letztendlich, lediglich nur alt zu sein, die Lebensspanne auf Grund ärztlicher Kunst und Medizintechnik voll auszuschöpfen, aber den Herbst des Lebens in ständiger Begleitung von Krankheiten zu verbringen? Hier klafft eine deutliche Lücke zwischen dem heute Machbaren und jenen fatalistisch anmutenden Vorstellungen, die negativen Auswirkungen des Alterns – weil es eben schon immer so war – hinzunehmen. Viel zu häufig höre ich von Menschen in den besten Jahren, die über körperlich-geistige Beschwerden und Verluste klagen: Das ist eben nicht zu ändern, das bringen die Jahre so mit sich, und meinem Nachbarn ergeht es nicht anders. Nach neuen Untersuchungen leidet hierzulande etwa jeder zweite Bürger ab dem 60. Lebensjahr bereits an einer chronischen Krankheit unterschiedlicher Prägung. Er ist darum auf ärztliche Behandlung und die Einnahme von Medikamenten angewiesen, von der Reduzierung der Lebensfreude ganz zu schweigen.

Die Schulmedizin steht auf dem für sie zwar recht achtbaren, jedoch äußerst bequemen Standpunkt: Nie zuvor wurden die Menschen älter als heute. Die wichtigen Ansatzmöglichkeiten, aufgrund internationaler Studien den Erkrankungen des Alters rechtzeitig vorzubeugen, werden dabei hierzulande sträflich vernachlässigt. Prophylaktische Maßnahmen, um jung und beschwerdefrei zu leben und alt zu werden, gehören bereits in den Aufgabenbereich von Kinderärzten, und keineswegs nur allein in die Praxen der Altersmediziner! Derartig revolutionierende Aussagen sind in unserem Land äußerst selten, selbst wenn sie seit mehreren Jahren von einem der bekanntesten deutschen Herz-Kreislauf-Spezialisten, Prof. Dr. Gotthard Schettler (Heidelberg), propagiert werden.

Der Mensch des ausgehenden 20. Jahrhunderts wird im Durchschnitt sehr viel älter als seine Urgroßeltern vor etwa hundert Jahren. Die berechtigte Aussicht, alt zu werden und dabei gleichzeitig geistig rege zu sein, hat zweifellos zugenommen. Die Lebenserwartung von etwa 22 Jahren im alten Rom stieg auf etwa 40 Jahre bis zur Mitte des 19. Jahrhunderts an. Als das 20. Jahrhundert eingeläutet wurde, betrug die zu erwartende Lebensspanne eines US-Bürgers etwa 49 Jahre, und eine in Hamburg geführte Übersicht ging für Deutschland von 45 Lebensjahren aus. 1946 wiesen US-Statistiken für ihre Bürger eine durchschnittliche Lebenserwartung von 67 und 1960 gar von 72 Jahren auf. Sie liegt heute bei 74 Jahren, und die Berechnungen gleichen denen der Bundesrepublik Deutschland. Nun aber kommt die überraschende Erkenntnis führender US-Gerontologen:

■ *»Die maximale Lebenserwartung des Menschen von etwa 110 Jahren hat sich seit der Zeit des antiken Roms (und sogar davor) überhaupt nicht verändert! Sie hat sich wahrscheinlich niemals verändert, seit wir vor zehntausenden von Jahren zu dem wurden, was wir heute sind, zum Homo sapiens.«*

Sind demnach etwa 110 Jahre die natürliche Lebensspanne eines Menschen, der er sich zu unserer Zeit langsam wieder nähert? Vor der Industrialisierung und der wirksamen Bekämpfung tödlicher Infektionskrankheiten lebten die Menschen »im Zeitalter der Pestilenz und des Hungers«. Cholera, Typhus, Pocken und die Pest verbreiteten sich um den ganzen Erdball und rafften seine Bewohner vorzeitig dahin. Der Beulenpest, dem Schwarzen Tod, erlag im 14. Jahrhundert etwa ein Drittel der europäischen Bevölkerung. Der Sieg über die

Pocken, die der Menschheit Begleiter seit der Zeit der Pharaonen waren, zählt zu den entscheidenden Fortschritten internationaler Gesundheitsmaßnahmen. Die Tuberkulose konnte nahezu völlig eingedämmt werden. Am »Weißen Tod des 19. Jahrhunderts« starben in der westlichen Welt etwa 20 Prozent der Bevölkerung. Masern, Keuchhusten, Diphtherie, Mumps, Infektionskrankheiten, die ein jeder durchmacht, konnten auf Grund breitgefächerter Impfmaßnahmen in Grenzen gehalten werden. Die segensreiche Erfindung und Anwendung der Antibiotika verhütete Epidemien, und die Säuglings- und Müttersterblichkeit ging ständig zurück. Moderne Hygienemaßnahmen, eine gesündere und vor allem reichlichere Ernährung sowie verbesserte Wohnverhältnisse lassen die Menschen länger leben. So können sich die Industrialisierung und die Medizin gemeinsam den Sieg über die Frühsterblichkeit an ihre Fahnen heften. Die Infektionskrankheiten spielen nur noch eine geringe Rolle, jedoch ermöglichte diese Entwicklung einer ganz anderen Art von Leiden den Zugriff auf unsere Gesundheit: sie ebnete den Weg für das Zeitalter der Degenerations- und vom Menschen selber verursachten Erkrankungen, jenen als vermeidbar zu betrachtenden, folgenschweren Zivilisationserkrankungen, die unserer natürlichen Lebenserwartung vorzeitige Grenzen setzen. Wäre es also möglich, den Volkskrankheiten Herz- und Kreislauf-Leiden, Bluthochdruck, Diabetes, Rheuma in seinen vielfältigen Ausdrucksformen, den Stoffwechselerkrankungen, dem Krebs und allen psychischen Leiden Einhalt zu gebieten, könnte dann die Lebenserwartung des Menschen beliebig verlängert werden? Hier stößt die Gerontologie auf die biologische Endlichkeit menschlicher Existenz, die auch bei weitgehender Gesundheitsvorsorge ihre Grenzen erkennen muß. Es ist heute aber möglich, insbesondere den hausgemachten Krankheiten frühzeitig und in Eigenverantwortlichkeit zu begegnen, den Alterungsprozeß deutlich hinauszuzögern und die vitalen Jahre eindrucksvoll zu verlängern. Es sollte für uns alle möglich werden, die persönliche Lebensqualität der späteren Jahre dergestalt zu verbessern, daß es sich lohnt, die maximale Zeit des Daseins auf dieser Erde anzustreben und auszuschöpfen. In die Zukunft weisende Maßnahmen sollten möglichst von Kindesbeinen an, jedoch spätestens ab dem 30. Lebensjahr erkannt und zielstrebig verfolgt werden. Schließlich widmen wir unserem liebsten Spielzeug, dem Auto, uneingeschränkte Fürsorge, um Rostschäden und Verschleißerscheinungen möglichst langfristig zu verhüten. Gemessen an der relativ simplen Konstruktion des fahrbaren Untersatzes ist der menschliche Organismus ein hochsensibler Zusammenschluß von 60 bis 100 Billionen Einzelteilen – den Körperzellen –, deren Funktionstüchtigkeit weitgehend von unserer Bereitschaft abhängig ist, wie wir mit ihnen umgehen. Gesundheit und ein langes Leben werden von diesen Zellen bestimmt, denen wir beste Bedingungen und Pflege angedeihen lassen und ihre Reparaturfähigkeit unterstützen sollten. Das einmalige »Kapital von Zellen«, den Urbausteinen allen Lebens, entscheidet sowohl über unser körperliches Wohlergehen als auch die maximale Zeitspanne der gelebten Jahre, die körpereigene Widerstandsfähigkeit gegen Erkrankungen und unser äußeres Erscheinungsbild, es sorgt auch für die Erhaltung unserer geistigen Fähigkeiten in jungen, mittleren und späten Jahren.

2. Kapitel
Warum altert der Mensch? Theorien von gestern und heute

Es ist immer wieder erstaunlich: Manche Menschen altern rascher, haben frühzeitig eine trockene, faltige Haut, graues Haar und schlaffes Bindegewebe. Andere erhalten sich ihre natürliche Haarfarbe bis ins hohe Alter, ihre Muskulatur wirkt fest und ihre Haut glatt, und sie bewegen sich elastisch und optimistisch durchs Leben. Die Gerontologie nahm sich dieses Phänomens an und stellte fest: Wer vorzeitig ergraut, muß nicht unbedingt unter geistigen Abbauprozessen leiden, und wer umgekehrt erstaunlich lange über seine natürliche Haarfarbe verfügt, kann durchaus an zerebralen Ausfallerscheinungen leiden. Der Alterungsprozeß verläuft individuell sehr unterschiedlich, und nicht alles, was einen Menschen kennzeichnet, altert im gleichen Tempo. Bedeutsam sind stets die genetischen Voraussetzungen, sprich die persönlichen Erbanlagen, die einem jeden von uns – ohne eigenes Zutun – in die Wiege gelegt werden.

An dieser Stelle könnte bereits Resignation mit der Begründung auftauchen: Dann ist schließlich doch alles vorbestimmt... Was kann man schließlich an diesen erblichen Voraussetzungen ändern? Wer so denkt, vergißt die starke Beeinflussung der Umgebung und Umwelt. Was letztendlich aus einem Menschen wird, bestimmen lediglich zu etwa 60 Prozent die genetische Mitgift und zu 40 Prozent die äußeren Einflüsse positiver oder negativer Natur. So können z. B. liebevolle Zuwendung und eine ausgewogene Ernährung einem schwachen Säugling dazu verhelfen, ein ganz gesundes, quicklebendiges Kind zu werden. Ein anderes Baby, das mit allerbesten körperlichen Vorgaben das Licht der Welt erblickt, jedoch fehlernährt und lieblos behandelt wird, zeigt Entwicklungs- und Verhaltensstörungen.

Unabhängig von der Erkenntnis, daß »gute Erbanlagen und ein Überlebenswille« die besten Möglichkeiten bieten können, die maximale Lebensspanne zu erreichen, begannen bereits Ende des 19. Jahrhunderts Gerontologen damit, die verschiedenen Möglichkeiten der Erhaltung von Jugendlichkeit und Vitalität zu erforschen. Gestützt auf ihre völlig neuen Erkenntnisse von der Funktion des menschlichen Drüsensystems glaubten sie, daß dieses endokrine Hormonproduktionsnetz weitgehend Alter und Jugendlichkeit steuert. Sind die Aktivitäten der Hirnanhangdrüse nur noch begrenzt funktionstüchtig, erlahmen die Signale an die Nebennierenrinde, an die Schild- und Bauchspeicheldrüse, und zwangsläufig werden nur noch geringere Hormonmengen in die Blutbahn abgegeben. Auf Grund dieser Überlegung unternahm im Jahre 1889 der 72jährige Charles Edouard Brown-Sequard mehrere Selbstversuche mit Hundehoden-Extrakten. Nach den Injektionen soll er sich um dreißig Jahre verjüngt gefühlt haben. Jedoch empfanden seine wesentlich jüngere Frau und seine Mitarbeiter das Unterfangen als »senile Spinnerei«. Er starb nach relativ kurzer Zeit an einem Schlaganfall. Im weiteren Verlauf implantierte Serge Voronoff Hoden von jungen Affen nach unerhörten und für damalige Verhältnisse anmaßenden Honorarforderungen, die weniger seinem Ruhm als dem Reichtum dienten. Es zeigte sich, daß die Implantate abgestoßen und gleichzeitig Infekte der Tiere auf die Patienten übertragen wurden. Die Transplantation von Drüsen nahm keiner der seriösen Gerontologen mehr ernst, obgleich mancherorts der 1. Juni 1889, jener Tag, an dem Charles Edouard Brown-Sequard seine Denkansätze und Versuche publizierte, zum Geburtstag der modernen Gerontologie ernannt wurde.

Der bekannte Chirurg Paul Niehans modifizierte diese Anfänge, lernte aus den Fehlern seiner Vorgänger und entwikkelte die Frischzellentherapie. Zu diesem Zweck entnahm er ungeborenen Schafen bestimmte Organe und injizierte die Extrakte. Die Zelltherapie steht heute wieder im Kreuzfeuer unterschiedlicher Meinungen, obgleich eine stattliche Reihe von Persönlichkeiten deren Wirksamkeit loben und ihr nach eigenen Aussagen Vitalität und Elastizität verdanken.

Im Jahre 1912 setzte Alexis Carrel im Rockefeller Institute Gewebekulturen mit Fibroblasten an. Es handelte sich um kollagene Bindegewebsfasern, die unsere Organe und Gewebe umhüllen und schützen. Carrel entnahm sie den Herzen von Hühnerembryonen und fütterte sie mit einer Nährsubstanz von noch nicht geschlüpften Küken. Die Zellen der Gewebekulturen teilten sich unablässig und bildeten neue Zellgenerationen. Überschüssige Zellen mußten in bestimmten Zeitabständen entfernt werden, sonst hätten sie ... »bei der normalen Wachstumsrate die ganze Erde überzogen«. Das Gewebekultur-System überlebte nicht nur Kontrollkulturen, die auf normalem Nährboden angesetzt wurden, sondern auch ihren Initiator Alexis Carrel. Im Jahre 1946 – zwei Jahre nach dessen Tod – brachen seine Mitarbeiter den Versuch ab. Das revolutionierende Fazit des vierunddreißig Jahre währenden Experiments lautete: *Zellen sind unsterblich, solange sie sich in einer idealen Umgebung befinden.* Sie wachsen und teilen sich unaufhörlich in einem ihren Bedürfnissen entsprechenden Klima.

Die Forschung fragte sich, ob das Altern und Verebben biologischer Zellaktivitäten auf ganz bestimmten Wechselwirkungen beruhen könnte, die vielleicht im hormonell gesteuerten Bereich zu suchen sind. Die frühen sechziger Jahre veranlaßten Leonard Hayflick und Paul Moorhead (Wistar Institute Philadelphia) »das Elexier für das ewige Leben«, die Zellkulturen zu überprüfen. Sie stellten fest, daß sich menschliche Fibroblasten im Gewebekultur-System nicht mehr als fünfzigmal teilen, sie unterliegen einem zeitlich begrenzten Limit. Es wurde auch dargelegt, weshalb das Zellwachstum in den Kulturen von Carrel vierunddreißig Jahre währte. Die verfütterte Nährlösung enthielt lebende Zellen ungeschlüpfter Küken. Sie war schlicht gesagt unsachgemäß präpariert worden und belebte in dieser Weise die Regeneration der Fibroblasten, indem sie ständig unverbrauchtes Zellmaterial erhielten. Allerdings gründete sich auf Carrels Irrtum eine Reihe von Theorien der gerontologischen Forschung, die erst nach und nach durch die Hayflick-Erkenntnisse korrigiert werden konnte.

Trotz falscher Voraussetzungen rückten die Zellaktivitäten von Mensch und Tier immer mehr in den Blickwinkel des Interesses. Was da an erstaunlichen Erkenntnissen zusammengetragen wurde, bestärkte die forschenden Gerontologen in der Annahme, daß auf Grund von teilungsaktiven Zellkulturen die maximale Lebensdauer des Menschen überschaubar und berechenbar ist. Man fragte sich, weshalb nach fünfzig Teilungen im Reagenzglas menschliche Zellkulturen ihre Regenerationsfreudigkeit verlangsamen, schließlich aufgeben, und damit die hochgerechnete maximale Lebenserwartung des Menschen auf 120 Jahre zu begrenzen ist. Weiterhin beschäftigten sich die Wissenschaftler mit der Tatsache, daß nur relativ wenige Menschen diese biologisch mögliche Lebenserwartung ausschöpfen. Seit Hayflicks Beobachtungen gingen die Überlegungen und Experimente eindeutig in die Richtung, daß der Mensch aus einer Zelle – durch den Zusammenschluß von Samen und Ei – entsteht, und das Rätsel des Alterns in der Zelle liegen muß. Die Arbeiten und Ziele der modernen Gerontologie gleichen einem Puzzlespiel, das ganz langsam ein wenn auch noch nicht fertiges, jedoch erkennbares Bild darstellt.

Inzwischen sind die unglaublich wichtigen Aufgaben des Zellkerns bekanntgeworden, der die einmaligen Erbinformationen (DNS und RNS) als individuellen Code bewahrt und an neuzubildende Zellgenerationen weitergibt. Da sind die Kraftwerke der Zelle, die Mitochondrien, jene strangförmigen Fabriken, die sich im Zytoplasma befinden. Sie liefern die Energie für zahlreiche Zellaktivitäten. Ebenfalls sind die von zarten Wänden umgebenen Lysosomen bekannt, sie gelten als »Giftbecher« der Zellen, wenn sie »Zellmüll« aus Stoffwechselendprodukten bestimmter Enzyme enthalten. Platzen ihre zarten Wände (Membranen), ergießt sich der Abfall in das Zellinnere und verursacht großen Schaden, der die Zellalterung begünstigt. In jedem sensiblen Zellhaushalt läuft eine genetisch gesteuerte Uhr, die den Zeitpunkt der Störung biologischer Abläufe peinlich genau registriert und schließlich den Zelltod anzeigt. Mit dem physiologischen Alter tickt diese Uhr. Sie ist aber aufzuhalten oder zu langsamerer Gangart zu bewegen, wenn im Zellhaushalt ungestörte Ordnung und optimale Versorgungsverhältnisse herrschen. Leonard Hayflick entdeckte, daß Zellkulturen nach eigenen Gesetzen leben. Er fror sie nach etwa zwanzig Verdoppelungen ein, und seltsamerweise erinnerten sie sich nach dem Auftauen und der Versorgung mit Nährlösung, daß sie sich noch etwa dreißigmal verdoppeln müßten (fünfzig Teilungsvorgänge werden als die Hayflick-Grenze bezeichnet). Ist das Limit nahezu erreicht, wirken die Zellen müde und alt, sie erscheinen größer und entwickeln gelblich-braunes Pigment, wie es auf der Haut des Menschen als Altersfleck sichtbar wird. Diese Pigmentansammlungen entstehen ebenso in den Geweben und Organen, zumeist im höheren Lebensalter, aber auch schon vorzeitig durch bestimmte äußere Einflüsse.

Die Altersuhr der Zelleinheit wird offenbar vom Nucleus, dem Zellkern, gesteuert, der den Code der Deckungsgleichheit beherbergt und bei jeder Verdoppelung artgetreu weitergibt. In alten Zellen ist der Aufbau eines »Alterungsfaktors« zu entdecken, der die lebenserhaltende DNS verringert. Wenn der zelluläre Alterungsvorgang vom Zellkern ausgeht, so könnte – wie manche Gerontologen annehmen – ein Fehler im DNS-Molekül, am Lebensfahrplan der Zelle an sich, dafür verantwortlich sein. Es wäre denkbar, daß der elementare Code zu leben, zu erhalten und stetig unverändert weiterzugeben, mit der Zeit an Ausdruckskraft einbüßt. Vielleicht reagiert die DNS im Laufe der Jahre wie ein Blatt bedruckten Papiers, das unaufhörlich kopiert wird, um schließlich mehr und mehr zu verwischen und unlesbar zu werden. Die Zelleinheiten werden dann bei der Teilung mit unvollständigen

Daten versorgt, die biologische Information fällt fehlerhaft aus, und das Gleichgewicht erprobter Abläufe gerät ins Wanken.

Es besteht heute unter den Wissenschaftlern kein Zweifel darüber, daß unser körpereigenes Abwehrsystem mit den gelebten Jahren erlahmt und daraufhin die Autoimmunerkrankungen mit dem Älterwerden gehäuft auftreten. Geschwulstbildungen, Rheumaleiden, Diabetes, Herz- und Kreislauf-Erkrankungen und der graue Star zählen zu den Entgleisungen des Organismus, Belastungen nicht mehr standzuhalten, normale Funktionen aus eigener Kraft nicht wiederherstellen zu können. Die Reparaturmechanismen oder Selbstheilungskräfte des Abwehrsystems halten den Anforderungen an die Ausbesserungskapazität nicht mehr stand. Es sind auch Hinweise dafür bekannt, daß sich außer diesen Voraussetzungen bestimmte Slow-Viren im angegriffenen, körpereigenen Abwehrsystem einnisten, und den DNS-Code zusätzlich bei der Zellteilung und -reparatur verwischen und in die Irre führen.

Es gibt heute keinen Anhaltspunkt dafür, daß der Alterungsprozeß durch einen einzigen Anstoß in Gang gesetzt wird. Die Alterstheorien fußen auf dem bereits erwähnten Puzzle verschiedenartiger Veränderungen im DNS-Code, der durch äußere Einflüsse verstärkt, aber auch deutlich gebremst werden kann. Die moderne Gerontologie glaubt, daß der Alterungsvorgang von Teilen des Gehirns überwacht wird. Die Nervenzellen des Gehirns sind uns für ein ganzes Leben mitgegeben. Sie teilen sich nicht, und wenn sie aus unterschiedlichen Gründen absterben, sind sie für immer verloren. Hirnzellen gehen beispielsweise unter Sauerstoffdefiziten oder im Vollrausch zugrunde. Die Funktionsfähigkeit der Gehirnzellen leidet ebenfalls bei unzulänglicher Nährstoffversorgung durch die Anhäufung von Pigmenten (Altersflekken = Amyloidanhäufungen), durch die Ablagerung von fehlgesteuerten Eiweiß-Kohlenhydrat-Substanzen und Vernetzungsprozesse des umgebenden Bindegewebes. Eine ganz entscheidende Aufgabe des Gehirns scheint darin zu bestehen, die jugendlichen Zellaktivitäten des Körpers zu überwachen. Gehen Gehirnzellen zugrunde, können die reduzierten Regionen im menschlichen Gehirn ihre Aufgaben nur mangelhaft erfüllen, und der Alterungsvorgang setzt vehement ein. Diese These wurde durch Untersuchungen an geistig zurückgebliebenen Menschen und Mongoloiden wissenschaftlich belegt. Sie altern unverhältnismäßig rasch und erleben selten ihren 50. Geburtstag. Außerdem weiß ein jeder, daß geistig rege Menschen auch im höheren Alter von erstaunlicher Elastizität und Frische sind. Es scheint, als zöge der Kopf den Körper mit, selbst wenn dieser bereits Abnutzungserscheinungen aufweist und ihn mancherlei Beschwerden plagen. So steckt im Körper eines 70jährigen nicht selten die Jugendlichkeit und Ausstrahlung eines Menschen von etwa 35 Jahren, und umgekehrt vermittelt ein relativ junger Mensch den Eindruck, uralt und müde zu sein, wenn der Geist nicht trainiert wird.

Eine Hormongruppe sorgt für die Vermittlung von Nervenimpulsen, steuert die Gehirnfunktionen und die allgemeine Energieleistung sowie die Ausgewogenheit der Stimmungslage. Es handelt sich um die sogenannten Katecholamine, zu denen das Adrenalin und dessen Abkömmlinge, das Noradrenalin und Dopamin, zählen. Die Absonderung dieser Substanzen verändert sich im Alter, so daß nicht selten depressive Verstimmungen, Niedergeschlagenheit und körperliches Unbehagen hervorgerufen werden und der Alterungsprozeß rasch fortschreitet. Es gibt Substanzen, die dem Abbau der Katecholamine gezielt begegnen. Es handelt sich u. a. um das von der rumänischen Ärztin Aslan verabreichte, viel diskutierte Procain Gero-H-3.

Ein ganz entscheidender Gesichtspunkt der Alterstheorien führt direkt zu der Bildung aggressiver Molekülbruchstücke im Körper, die als sogenannte freie Radikale ihr Unwesen treiben. Sie entstehen, relativ unabhängig vom Alter, durch äußere Einflüsse wie radioaktive Strahlung, Umweltgifte und Oxidationen von Fettsubstanzen mit Sauerstoff. Diese unerhört reaktionsbegierigen Molekülteilchen lösen Prozesse aus, die in hohem Maße als Energieverschwendung zu bezeichnen sind und dabei nicht wiedergutzumachende Schäden in und an den leicht zerstörbaren Zellwänden anrichten.

Freie Radikale verbinden sich sofort nach ihrer Entstehung mit anderen Molekülen. Sie bevorzugen Eiweiß- bzw. Proteinbestandteile, die zum Zellaufbau und zur Reparatur benötigt werden. Sie schleichen sich in den Zellcode der DNS und RNS ein und verfälschen deren Botschaft, so daß nach und nach tiefgreifende Veränderungen entstehen. Fehlerhaftes Zellmaterial begünstigt dann den Alterungsprozeß in Organen und Geweben.

Im Jahre 1941 fiel dem Forscher Johan Bjorksten die frappierende Ähnlichkeit zwischen der Alterung von Filmmaterial und eben diesen Vorgängen im menschlichen Organismus auf. Er veröffentlichte die Theorie, daß rasche Alterungsprozesse des Menschen auf »vernetzenden Querverbindungen zwischen Eiweißsubstanzen und den DNS- und RNS-Strängen beruhen, die unvollständiges und fehlerhaftes Protein zur Folge haben«.

Da wir Menschen weitgehend aus Eiweißsubstanzen bestehen, kann unvollkommenes Protein, das im Körper aufgebaut wird, tatsächlich den allmählichen Untergang jeder Zelleinheit herbeiführen. Und abgestorbene Zellen sind für immer verloren! Lediglich geschädigte Urbausteine unseres Lebens können unter idealen Bedingungen zur Reparatur angeregt werden und ihre aktive, erbgetreue Teilungsfähigkeit zurückgewinnen.

Bereits in den frühen fünfziger Jahren konnte Denham Harman (University of Nebraska) auf der Grundlage dieser Erkenntnis das Leben von Labormäusen eindeutig verlängern. Er setzte dem Futter der Tiere Gegenspieler der zerstörerisch wirkenden freien Radikalen hinzu. Es handelte sich um verschiedene sogenannte Antioxidantien dieser hochaktiven Molekülfragmente, von denen später noch ausführlich die Rede sein wird. Einigen Forschern gelang es, mit bestimmten Kombinationen dieser anerkannten Gegenspieler geradezu spektakuläre Erfolge zu erzielen. Sie unterbanden den Aufbau unvollständiger Proteine, die ohne Gegenmaßnahmen den Organismus anregen, eigene Eiweißsubstanzen in Zellen, Geweben und Enzymen als fehlerhaft anzusehen, Freund und Feind nicht mehr auseinanderzuhalten, um damit die körpereigenen Abwehrkräfte lahmzulegen.

Auch Fehl- und Mangelernährung birgt sehr nachhaltige negative Folgen auf die Zellaktivitäten in sich. Sie beschleunigt den Alterungsprozeß in augenfälliger Weise. Beeindruckende Versuche bewiesen, daß Labortiere bei optimaler Versorgung mit Vitaminen, Mineralstoffen und Spurenelementen deutlich länger lebten, viel gesünder waren und länger sexuelles Interesse zeigten. Ihr Fell ergraute deutlich später als in vergleichbaren Kontrollgruppen ohne Nahrungszusätze. Die moderne Gerontologie erkannte die positiven Ergebnisse auch beim Menschen, analog jenen Nahrungsergänzungssubstanzen, die in der zeitgemäßen psychiatrischen Behandlung Anwendung finden. Die Forschung erkannte auch, daß zahlreiche Menschen deutlich höhere Vitalstoffgaben benötigten als beispielsweise die statistischen Berechnungen auswiesen, um körperlich und geistig aktiv zu bleiben und Mangelsituationen vorzubeugen.

Eine weitere Erscheinung des ausgehenden 20. Jahrhunderts mit ihren Einflüssen auf das Altersgeschehen ist eindeutig der Streß. Seine als ständige Überforderung, Druck und Beklemmung empfundenen Auswirkungen führen u. a. zu Gefäßverengungen, so daß die Blutzufuhr zum Gehirn und den anderen Organen gemindert wird und die Sauerstoff- und Nährstoffversorgung der Zellen nicht mehr ausreichend gewährleistet ist. Diese Einbußen im eingespielten Energieversorgungsnetz des Körpers beschleunigen den Alterungsprozeß erheblich.

Ein äußerlich sichtbares und darum gefürchtetes Anzeichen des Alterns ist die Faltenbildung der Haut. Der Zustand des Kollagens und des Bindegewebes entscheidet darüber, ob unsere natürliche Hülle zart, glatt und geschmeidig oder schlaff und runzlig erscheint. Mit zunehmendem Alter wird das Bindegewebe fester, seine Stränge vernetzen sich, und eine Entwicklung setzt ein, die dem Gerbvorgang des Leders vergleichbar ist. Alexander Bogomolets sagte in diesem Zusammenhang: »Der Mensch ist so alt wie sein Bindegewebe, das aus fasrigem Protein wie Kollagen, Elastin und Retikulin besteht und wie Mörtel beim Ziegelbau jede einzelne Zelle umgibt und ihren Halt gewährleistet.« Das Kollagen kann sich so stark verdichten und zusammenziehen, daß es quasi den Zellen die Luft nimmt, indem es die feinen Blutgefäße regelrecht abschnürt. Die Sauerstoffversorgung und die Anlieferung von Nährsubstanzen sowie der Abstransport von Zellmüll unterliegt daraufhin schwerwiegenden Störungen. Die Anhäufung von Stoffwechsel-Endprodukten bewirkt nicht nur eine Art von Müllhalde im Bindegewebe, sondern sie fördert die Runzelbildung der Haut und ebenso den Untergang biologischer Zellaktivitäten. Außer den als natürlich zu betrachtenden Vernetzungen des Bindegewebes tragen die bereits beschriebenen freien Radikalen zur Beschleunigung des Vorgangs beträchtlich bei. Sie entstammen Umweltschadstoffen wie Zigarettenrauch, dem Natriumnitrit, das als Konservierungsmittel für Fleisch- und Wurstwaren Verwendung findet, dem Nitrat aus dem Trinkwasser oder Nahrungsmitteln durch Düngemittelrückstände sowie der Luftbelastung durch Blei, Kadmium, Schwefeldioxid und Stickoxide. Freie Radikale entstehen durch Röntgenbestrahlung, kosmische Strahlung und radioaktive Zerfallprodukte sowie durch den Verzehr von Nahrungsmitteln, die nicht mehr frisch oder mit Begleit-, Füll-, Konservierungs- und Zusatzstoffen angereichert sind. Weiterhin bewirken giftige Rückstände von Medikamenten, Alkohol und Drogen sowie Substanzen, die durch Streß, Krankheit und Erschöpfungszustände entstehen und nicht zügig ausgeschieden werden, die Beschleunigung von Vernetzungen des Bindegewebes.

Eine ganze Reihe der aufgeführten Substanzen können wir

mit Vernunft und Augenmaß weitgehend aus unserem Leben verbannen, anderen sind wir ausgeliefert, jedoch besteht kein Grund zur Resignation, da wir gute Gegenmittel in Händen halten, um den Alterungsprozeß durch die Vernetzung des Bindegewebes gezielt zu bremsen. Es besteht die Möglichkeit, die Bildung aggressiver Molekül-Fragmente rechtzeitig einzudämmen, ehe sie bleibenden Schaden anrichten können. Die rasche Kreuzvernetzung des Bindegewebes (cross links) läßt die Haut besonders rasch altern, hart und unbeweglich werden. Die Gerontologen sprechen von der »Beschädigungstheorie«, der es zu begegnen gilt, und ich meine, jeder von uns ist daran interessiert, die äußerlich sichtbaren Anzeichen des Alters nach Möglichkeit hinauszuzögern.

Ein bekannter Test, das biologische und nicht unbedingt tatsächliche Alter nach Lebensjahren zu erfahren, ist die einfache Prüfung der Hautelastizität. Dazu wird etwa 10 Sekunden lang mit dem Zeigefinger fest auf den entspannten Handrücken gedrückt und geprüft, in welcher Zeit die entstandene Delle wieder verschwindet. Im allgemeinen dauert die Rückbildung von der Jugend bis ins Alter von etwa 40 Jahren nur ca. 2 Sekunden, um dann erheblich anzusteigen. Mit 60 Jahren sind durchschnittlich 20 und mit 75 Jahren 50 Sekunden erforderlich, bis eine vollkommene Rückbildung erfolgt. Die Reaktionszeit ist individuell recht unterschiedlich und im besonderen Maße davon abhängig, wie intensiv die Haut dem Sonnenlicht ausgesetzt wurde. Trockene, faltige, dünne und vorzeitig gealterte Haut ist leider ein Ergebnis allzu sorgloser Sonnenanbeterei. Winzige Hautdrüsen degenerieren durch UV-Strahlen rascher, und die Bindegewebefasern unterliegen beschleunigten Abbau- und Vernetzungsprozessen. Wer den Alterungsprozeß der Haut hinauszögern möchte, sollte die Sonnenbestrahlung in vernünftigen Maßen halten!

Ein weiterer Biomarker, das funktionelle Alter festzustellen, ist die Messung der Lungenkapazität. Mit einem sogenannten Spirometer kann die jeweilige Luftmenge kontrolliert werden, die nach einem tiefen Atemzug ausgestoßen wird. Eine etwa 30jährige Frau von durchschnittlicher Körpergröße atmet 3,8 Liter aus. Im Alter von ca. 70 Jahren beträgt diese Menge nur noch 3,2 Liter. Die kontinuierliche Abnahme der Lungenfunktion in späteren Jahren beruht auch auf der Veränderung des Brustkorbs und der Muskulatur. Sie wird aber auch durch die Anhebung des Zwerchfells bei zunehmender Leibesfülle hervorgerufen. Die Lungenspitzen erhalten keine ausreichende »Belüftung«, und der Sauerstoffnotstand bewirkt in Zellen, Organen und Geweben Alterungsprozesse. Schließlich zählt der Sauerstoff zu den elementar wichtigsten Substanzen aller Stoffwechselvorgänge. Er ist der Brennstoff des Lebens, und die Vitalität läßt sich an der Sauerstoffsättigung des strömenden Blutes messen.

Die kurze Darstellung der Schrittmacher des Alterns zeigt, daß nicht nur den sichtbaren, sondern insbesondere den organischen Zerstörungsprozessen in unserem Organismus besondere Aufmerksamkeit geschenkt werden sollte. Einbußen der Immunkräfte, die Verlangsamung der Zellaktivitäten und die Wechselwirkung zwischen dem Gehirn und den hormonellen Systemen können positiv beeinflußt und länger jung erhalten werden.

Aus all diesen Gründen lohnt es sich, in dieser Zeit zu leben. Die Chance, in guter körperlich-geistiger Frische die maximale Lebenserwartung auszukosten, hat es zuvor nicht gegeben.

3. Kapitel
Knappe Kost – ein Lebenselexier?

Prof. Roy L. Walford (University Los Angeles) schreibt: »Wir verfügen schon heute über genügend Wissen, um ein Menschenleben zu befähigen, mehr als 120 Jahre alt zu werden, falls er früh genug mit den praktisch notwendigen Schritten beginnt und sich strikt an eine lebenslange eingeschränkte Diät hält.«

Nun scheint diese unbequeme Behauptung keineswegs außerordentlich neu zu sein, von der Möglichkeit, damit 120 Jahre alt zu werden, einmal abgesehen. Wir essen viel zuviel, wir essen auch reichliche Mengen vom Falschen, jenen industriell gefertigten Sattmachern, die als zu fett, zu süß, zu salzig und zu ballaststoffarm gelten. Es gibt genügend Veröffentlichungen, die uns die drastischen Fehler unserer Kostgestaltung vor Augen führen, und eine Fülle von Diätvorschlägen, die uns den Himmel auf Erden, sprich die garantierte Gewichtsabnahme binnen kürzester Zeit vorgaukeln. Wer möchte also lebenslang auf eine knappe oder eingeschränkte Kost umsteigen, die er sich zuweilen – und dann unter großen Mühen und Verzicht – antut, wenn dringend ein paar Pfund runter müssen? Die vorsorgende Beschränkung könnte außerdem auch völlig sinnlos sein, weil ein so extrem hohes Alter gar nicht angestrebt oder für möglich gehalten wird.

Ehe Sie, liebe Leserinnen und Leser, dieses Kapitel eilig überblättern, weil Sie die Nase gründlich vollhaben von allerlei Diätkuren, die im Endeffekt nur kurzfristig wirksam waren, sollten Sie sich die Behauptung von Prof. Walford kurz erklären lassen: »... zu beachten ist, daß es sich um eine kalorienarme Diät und nicht um eine Fehlernährung handelt« – wie es in den meisten Fällen auf gezielte Abmagerungsdiäten zutrifft. Die Einschränkung der Kalorienzufuhr bedeutet nicht Verzicht oder gar mit knurrendem Magen zu leben, sondern die Lebensmittel so auszuwählen, daß sie den tatsächlichen Bedürfnissen angepaßt sind, indem sie alle lebenswichtigen Vitamine, essentielle Amino- und Fettsäuren, Mineralien und Spurenelemente enthalten. Prof. Walford schwächt seine Leitlinie auch insofern ab, als die Kalorienbeschränkung nicht lebenslang, sondern mit dem Beginn des Erwachsenenalters konsequent einsetzen sollte. Gemessen an der Tatsache, daß hierzulande mindestens jedes vierte Schulkind zu dick ist, bin ich nicht vollkommen seiner Meinung. Ich denke, mit der bewußten Ernährung kann nicht früh genug begonnen werden, denn falsche Kostgewohnheiten prägen sich in früher Jugend aus, und es ist außerordentlich schwer, diese wieder abzulegen.

Wie wirksam jedoch ein Umdenken in Ernährungsfragen insbesondere dann sein kann, wenn das 30. Lebensjahr bereits überschritten ist, zeigt folgende historisch belegte Begebenheit. Luigi Cornaro, der berühmte Autobiograph der Renaissance, bekannt durch sein Werk »Die Kunst, lang zu leben«, erblickte im Jahre 1664 das Licht der Welt. Er führte bis zu seinem 37. Geburtstag das ausschweifende Leben eines zügellosen Genießers, schlemmte nach allen Regeln der Kunst, bis er sich selber eingestand, daß es in dieser Form nicht weitergehen könne. Seine Gesundheit war bereits beträchtlich angegriffen. Ab sofort bekannte er sich zu einer maßvollen, genügsamen Lebensweise, die er bis an sein Lebensende konsequent beibehielt. Trotz seiner Jugendsünden verstarb er im Jahre 1567 mit 103 Jahren!

Aus dem Bericht des Luigi Cornaro geht eindrucksvoll hervor, welche wundersamen Wirkungen durch Nahrungsbeschränkung erreichbar sind, wie Energie und Lebenskraft zunehmen, der Geist funktioniert und die Stimmung aufgehellt wird. Die Veränderung der Kostgewohnheiten führt auch nach modernen Untersuchungen zu Lebensfreude und Genuß, die durch einen wachen Geist noch gesteigert wird. Für jeden von uns, der das 30. Lebensjahr überschritt und auch weitaus älter ist, können die Anregungen des Luigi Cornaro Ansporn sein, wichtige Veränderungen des Lebens zu beschließen und auch in die Tat umzusetzen. Es geht schließlich weniger darum, die maximale Lebenserwartung von 120 Jahren zu erreichen, sondern die gelebten 70, 80 oder auch 90 Jahre unter der Voraussetzung körperlich-geistigen Wohlbefindens auszuschöpfen und insbesondere die Zeiten der Vitalität – etwa ab 30 – zu verlängern. Natürlich wissen wir genau, daß es sich beispielsweise lohnt, das Rauchen aufzugeben, mindestens einen alkoholfreien Tag pro Woche einzulegen, mehr Wert auf Obst, Gemüse und fettarme Milchprodukte zu legen und den Verzehr von Fleisch- und Wurstwaren einzuschränken. Es ist eigentlich auch klar, daß es uns Schreibtischtätern an Bewegung mangelt und daß das stundenlange Sitzen vor dem Heimkino am Abend die wichtige Sauerstoffversorgung mindert. Wir wissen zwar eine Menge, aber es hapert an der Umsetzung, weil sich liebgewordene Gewohnheiten fest eingeprägt haben. Außerdem liegt es offenbar im Wesen des Menschen, daß gute Vorsätze in Zeiten des Wohlbefindens und der Leistungsfähigkeit rasch verdrängt und in den Wind geschlagen werden. So gilt für die Mehrzahl von uns das volkstümliche Sprichwort: Der Geist ist willig, doch das Fleisch ist schwach. Erst wenn sich unübersehbare Vorboten von Mißempfindungen und Krankheiten bemerkbar machen und der Besuch beim Hausarzt unumgänglich scheint, verändert sich zumeist die persönliche Einstellung zum Gesundsein und -bleiben. Außer der Erkenntnis: hätte ich doch frühzeitiger aufgepaßt, auf mein Gewissen gehört und gesünder gelebt, überlassen wir uns ärztlicher Hilfe und hoffen auf wirkungsvolle Reparaturmaßnahmen, die der Körper aus eigener Kraft nicht mehr erbringt.

Kommt der »Schuß vor den Bug« – in Gestalt eines stolpernden Herzens, anhaltender Verdauungs- und Schlafstörungen oder Atemwegsbeschwerden – rechtzeitig, besteht die berechtigte Chance, diese Störfälle wieder auszugleichen.

- *Nicht die Einnahme von Medikamenten allein kann verlorene Gesundheit zurückbringen, sondern das Bewußtsein der Verantwortung für den eigenen Körper, Fehlerquellen nachhaltig auszuschalten.*

Wir können die Verantwortung für unser persönliches Wohlergehen nicht allein den Ärzten und schon gar nicht der pharmazeutischen Industrie anlasten. Das Verantwortungsbewußtsein für den eigenen Körper ist der erste unerläßliche Schritt auf dem Wege zu mehr und dauerhafter Gesundheit. Der zweite praxisnahe Schritt sollte mit dem notwendigen Wissen Hand in Hand gehen, gesunde Verhaltensweisen zur Selbstverständlichkeit werden zu lassen und den stattlichen Gewinn dieser Lebenshaltung zinsbringend anzulegen. Die Wissenschaft hat breitgefächerte Voraussetzungen dafür geschaffen. Es mangelt allerdings an der notwendigen Transparenz für jeden Bürger – auch ohne Vorkenntnisse –, diese in den Alltag einzubeziehen. Solange die Gesundheitsbildung im weitesten Sinne ein bedauernswertes Stiefkind unseres umfassenden Krankheitsversorgungswesens bleibt und sinnvollen Vorbeugungsmaßnahmen selbst von zahlreichen Ärzten nur geringe Aufmerksamkeit geschenkt wird, müssen wir eigenverantwortlich nach neuen Wegen suchen. Es geht dabei weniger um den allgemein hohen Stellenwert der Gesundheit an sich. Dieser liegt nach neuen demoskopischen Umfragen bei der bundesdeutschen Bevölkerung weit vor erstrebenswerten Zielen wie Frieden, Wohlstand, Arbeit und Glück. Es geht heute mehr denn je um ein für jedermann aufbereitetes Wissen und nicht um das häufig mißverstandene »Recht auf Gesundheit«. Dazu zählen das Erkennen körperlich-seelischer Zusammenhänge, die Fragen der Krankheitsentstehung und das Wissen um rechtzeitige Gegensteuerung sowie die Erarbeitung praktischer Vorschläge für eine zukunftsorientierte, gesunde Lebensführung. Letzteren darf nicht der Geruch von Einschränkung an Lebensfreude anhaften, denn das genaue Gegenteil ist der Fall: gesundes Leben lohnt sich, und es macht obendrein sogar viel mehr Spaß!

Einen außerordentlichen Anteil am persönlichen Wohlergehen besitzt die Ernährung. Sie entscheidet weitgehend darüber, ob wir uns fit oder müde fühlen, uns mit Elan oder Widerwillen den täglichen Aufgaben stellen und wie wir ihnen gerecht werden. Die Ernährung kann die geistigen Fähigkeiten beflügeln oder lähmen, die Stimmung in den Keller sacken lassen oder auch das Empfinden vermitteln, *high* zu sein. Sie schafft Zufriedensein mit dem eigenen Aussehen, beeinflußt den Zustand der Haut und der Haare, sie entscheidet darüber, ob die Augen getrübt oder klar die Umwelt wahrnehmen. Die richtige Ernährung stabilisiert das körpereigene Abwehrsystem gegen Krankheiten und die Auswirkungen negativer Streßeinflüsse, kurzum: sie ist in der Lage, den ganzen Menschen von Kopf bis Fuß positiv zu beeinflussen, Krankheiten und vorzeitige Verschleißerscheinungen erst gar nicht entstehen zu lassen oder hinauszuzögern und bereits entstandenen Schaden auszubessern.

Eine knappe Kost ist mit den Prädikaten »bedarfsgerecht« und »vollwertig« auf den Punkt zu bringen. »Bedarfsgerecht« bedeutet nach neuen ernährungsphysiologischen Erkenntnissen: die tägliche Nahrungsaufnahme sollte den tatsächlichen Anforderungen des persönlichen Energiebedarfs entsprechend dem Alter und Geschlecht, der beruflichen Tätigkeit und sportlichen Freizeitbeschäftigung sowie allen besonderen Begebenheiten des Lebens optimal angepaßt sein. Ist dieser Idealfall gegeben, wird von einer ausgeglichenen Energiebilanz gesprochen, die eine Über- oder Unterversorgung mit Energieträgern der Nahrung ausschließt. Das menschliche Leben ist von Energieträgern abhängig, denn die Aufgabe der Nahrung besteht schließlich darin, den Organismus mit Energie für eine Vielfalt von Leistungen im körperlichen und geistigen Bereich zu versorgen und ebenfalls den notwendigen Betriebsstoff für die Herz-Kreislauf-Tätigkeit, die Atmung und Verdauung und die Stabilisierung der Körpertemperatur bereitzustellen.

Der Begriff »vollwertig« bedeutet, daß die regelmäßige Versorgung des Körpers mit allen etwa fünfzig notwendigen Nährstoffen lückenlos gewährleistet ist. Außer den Hauptnährstoffen Eiweiß, Fett und Kohlenhydraten sowie der Versorgung mit lebenswichtigem Wasser benötigt der Organismus Vitamine, Mineralstoffe, Spurenelemente, essentielle Aminosäuren und lebenswichtige, mehrfach ungesättigte Fettsäuren, die er nicht selber aus sich heraus aufbauen kann.

Das vollständige Nähr- und Baustoffangebot eines bedarfsgerechten Programms im Rahmen einer knappen Kost erfüllt folgende Aufgaben:

- die Gewähr einer ausgewogenen Energiebilanz
- die Erhaltung der Körpersubstanz mit Reparatur und Neuaufbau
- das Angebot von Substanzen, die regulierend und mobilisierend auf das Stoffwechselgeschehen einwirken.

Unverfälschte, naturbelassene Lebensmittel, die möglichst frisch verzehrt werden, bieten am ehesten die Gewähr, modernen ernährungsphysiologischen Ansprüchen gerecht zu werden. Wie weit die Lücke zwischen dem tatsächlichen Bedarf an Energieträgern und der überreichlichen Fülle des Angebotes auseinanderklafft, zeigt die Erkenntnis, daß wir Wohlstandsbürger täglich etwa 400 Kalorien mehr zu uns nehmen, als unsere körperlich hart arbeitenden Urgroßeltern. Wir erbringen dagegen nur noch 5, höchstens 10 Prozent ihrer Muskelarbeit, wobei lediglich die Anforderungen an das Nervensystem und die geistige Leistung, insbesondere an die Konzentrationsfähigkeit zunahmen. Das sensible Gehirn benötigt also mehr »Superkraftstoff« als die weniger geforderte Muskulatur. Natürlich kennen Wissenschaft und Kostenträger, wahrscheinlich auch einige Politiker, das folgenschwere Ungleichgewicht, das durch Überernährung hervorgerufen wird. Sie unterliegen aber vielfach bedrängenden ökonomischen Zwängen und einer übermächtigen Lobby, den stattlichen Überfluß der Nahrungsmittelproduktion auch an den Verbraucher zu bringen. Gesellschaftspolitische Veränderungen wären notwendig, um die Balance zwischen grandioser Produktion und bedarfsgerechter Ernährung der Bürger in der Europäischen Gemeinschaft herzustellen. Solange die Hochleistungslandwirtschaft Unmengen liefert, die trotz reichlichem Verzehr Bestände im Wert von über 22 Milliarden DM auftürmen läßt und allein durch die Lagerhaltung Unsummen verschlingt, ist die offizielle Aufforderung, eine kaloriengebremste Kost zu verzehren, aus der augenblicklichen volkswirtschaftlichen Situation gesehen blanker Hohn. Auf diese Weise verbindet sich hierzulande mit dem Begriff »Lebenskraft« keineswegs eine gesundheitsfördernde und dem Energiebedarf angepaßte Ernährungsweise, sondern die Ermunterung, reichlich kalorienträchtige Fleisch- und Wurstwaren zu verzehren. Das geschieht eindeutig wider besseres Wissen und sogar in Anbetracht dessen, daß ein solches Überangebot direkt in die Fehlernährung hineinführt und »mehr Kranke schafft, als wir je behandeln können« (Prof. Dr. F. Douwes). Diese durch rechtzeitige Aufklärung vermeidbaren Krankheiten rauben nicht nur Lebensfreude und gesunde Jahre, sie schränken unser körperlich-geistiges Wohlbefinden in hohem Maße ein. Die Gesamtsituation ist um so erschreckender, als über 80 Prozent aller Zivilisationserkrankungen, mit denen wir uns heute herumschlagen, auf Fehl- und Mangelernährung im Überfluß unserer Luxusgesellschaft zurückzuführen sind. Das Älterwerden bei Gesundheit und Wohlbefinden ist ohne rigorose Gegensteuerung ebensowenig sicher wie ein Volltreffer im Lotto mit 6 Richtigen plus Zusatzzahl. Auf Grund des Fehlverhaltens ist das Alter so ausgesprochen negativ besetzt. Jeder möchte möglichst lange leben, doch die vernünftige Vorbereitung erschöpft sich zumeist in der Absicherung finanzieller Voraussetzungen für einen sorgenfreien Herbst des Lebens. Der Körper läßt sich aber gleichermaßen mit einer Kasse vergleichen, in die regelmäßig und frühzeitig eingezahlt werden sollte, um die beste, sogar kostenlose Gesundheitsversicherung anzusparen, deren Zins und Zinseszins nicht erst ab 60 oder 65 zur Verfügung stehen, sondern jederzeit abrufbar sind, und sich durch Fitneß und Vitalität auszeichnen.

Gesundheit entsteht zuerst im Kopf durch das Bewußtsein der eigenen, vielfältigen Möglichkeiten. Das Ergebnis überträgt sich auf die persönliche Lebenshaltung zugunsten des Organismus mit seinen 60–100 Billionen Lebensbausteinen, den aktiven Zellen. Der Kopf dirigiert das vielstimmige Orchester. Er ist dafür verantwortlich, ob Mißtöne die biologische Harmonie eines Kunstwerkes stören, mit dem der menschliche Organismus durchaus vergleichbar ist. Die Harmonie wird durch eine angepaßte und vollwertige Ernährung weitgehend gesteuert, wobei die *Vollwertigkeit* ihren entscheidenden Part dazu beiträgt. Der Begriff vollwertige Kost bedeutet keinesfalls, langweiliges Körnerfutter oder trockene Salatblätter zu essen, sondern aus dem reichhaltigen Angebot solche Lebensmittel auszuwählen, die über eine optimale Nährstoffdichte verfügen. Diese Nährstoffdichte finden wir weder in Weißmehlerzeugnissen, in den leeren Kalorien des Haushaltszuckers und sonstigem Zuckersüßen noch in raffinierten Fetten und alkoholischen Getränken. Sie wird mit frischen Vollkornprodukten, schonend zubereiteten Salaten und Gemüsen, Kartoffeln, Obst, ungeschältem Reis, ungehärteten pflanzlichen Fetten und fettarmen Milchprodukten angeboten. Die vollwertigen Lebensmittel enthalten sowohl Energie- und Baustoffe in angepaßter Menge als auch lebenswichtige Substanzen, die das sensible Stoffwechselgeschehen steuern und lenken.

Der Begriff knappe Kost beinhaltet den Verzehr dieser Lebensmittel, er betont die Qualität und nicht die landesübliche Quantität. Eine erstaunliche Tatsache bringt die vollwertige Kostgestaltung mit sich: Der ständige Heißhunger, der durch den Verbrauch leerer Kalorien ständig zu befürchten ist, läßt nach, da das Blutzuckerniveau nicht den Schwankungen unterworfen ist. Das deutsche Standardfrühstück: Kaffee oder Tee mit Zucker, Weißbrot oder Semmeln mit Butter und Konfitüre wird rasch verdaut. Der Zucker schießt förmlich ins Blut, hebt den Blutzuckerspiegel kurzfristig an und sinkt ebenso schnell wieder ab. Die physiologische Antwort stellt sich unweigerlich ein: erneuter Hunger wird an das Gehirn signalisiert, der Magen knurrt, und notgedrungen muß der Mißstand durch das zweite Frühstück beseitigt werden. Wer dagegen morgens ein Frischkornmüsli mit Obst und Milch verzehrt, setzt den Blutzuckerspiegel wegen der langsamen Verdauung nicht dem raschen Ansteigen und Abfallen aus. Dieser Zucker tropft förmlich nach und nach ins Blut und hält das Niveau über Stunden. Die Voraussetzung für Frische und Leistungsfähigkeit ist gegeben, und die Insulinproduktion wird nicht überreizt. Die biologische Speicherung von Glykogen geht normal vor sich, da die Kalorienaufnahme angepaßt verläuft. Da über Stunden kein weiteres Hungergefühl entsteht, werden unerwünschte Fettpolster vermieden.

Der Verzehr wertloser Luxussattmacher sorgt dagegen für ein ständiges Hungergefühl. Zwischenmahlzeiten aus gesüßtem Kaffee, zuckersüßen Getränken und sonstigen Süßigkeiten peitschen den Blutzuckerspiegel erneut in die Höhe, und spätestens nach einer Stunde signalisiert der Körper erneut Mißbehagen. So vergeht der Vormittag, unterbrochen von einer Mittagsmahlzeit, deren Qualität in den meisten Fällen zu wünschen übrig läßt. Ob in der Kantine, Gaststätte oder von der Imbißbude nebenan: der große Hunger wird gestillt, der Magen reichlich gefüllt, Sättigung ist überall gegeben, und Kaffee und colahaltige Getränke übernehmen am Nachmittag die Funktion des raschen Muntermachers. Mit Heißhunger wird das Abendessen erwartet und häufig schon zuvor im Stehen ein Happen verschlungen, dazu rasch ein Bier gekippt. Wen wundert's, daß ein reichliches Abendessen sehr müde macht? Reizbarkeit und Unlust kommen auf. »Er« schläft vor dem Pantoffelkino im Sessel ein, und »sie« macht sich heftige Vorwürfe und bittere Gedanken über den Zustand der Partnerschaft, fühlt sich sträflich vernachlässigt. Ganz anders sieht die Angelegenheit aus, wenn ein vollwertiges Abendessen mit Vitaminen, Mineralstoffen und einer guten Nährstoffdichte verzehrt wird. Ein bunter Salat enthält wenig Energieträger, führt zu keinerlei Belastungen des Stoffwechsels und liefert außerdem Schwung und Fitneß für den erholsamen Abend. Außerdem schaut am nächsten Morgen weder ein verquollenes Gesicht mit trüben Augen in die Welt noch registriert die Waage Gewichtszunahme. Mit Elastizität und Optimismus kann der neue Tag beginnen.

Das klingt ja ganz toll ... werden Sie, liebe Leserinnen und Leser, denken und sich fragen: Wie soll ich das anstellen? Dazu gibt es einige wenige grundlegende Anregungen, die den Umdenkungsprozeß in Sachen Ernährung einläuten können.

- Essen Sie eine kaloriengebremste Kost mit dem reichlichen Angebot von Vollkornprodukten, frischem Gemüse, Obst und Kartoffeln.
- Verzichten Sie weitgehend auf tierisches Fett, Zucker und Salz.
- Essen Sie nur dann, wenn Sie Hunger haben, und nehmen Sie sich viel Zeit.
- Trinken Sie zwei Liter Flüssigkeit pro Tag, z. B. Mineralwasser, Kräutertee, frisch gepreßte Obst- und Gemüsesäfte, Buttermilch und Molke.
- Schränken Sie den Genuß von Koffein, Nikotin und Alkohol ein.

Dazu noch einige Tips für den Küchenalltag: Essen Sie frische Salate und Gemüse je nach Angebot und Belieben, und verzichten Sie bei der Zubereitung auf Mayonnaise und saure Sahne. Dünsten Sie das Gemüse kurz und wertschonend im eigenen Saft, es soll knackig bleiben. Konserven sind immer nur eine Notlösung. Kochen Sie Kartoffeln in der Schale, um die wertvollen Inhaltsstoffe nicht mit dem Wasser in den Ausguß zu schütten. 50 Prozent des täglichen Nahrungsangebotes sollte aus wertschonend zubereiteten Frischprodukten bestehen! Bevorzugen Sie Frischmilch statt Kondensmilch oder H-Milch. Falls Sie auf Ihre schlanke Linie achten, wählen Sie entrahmte Milch (1,5 Prozent Fett). Verwenden Sie kaloriensparenden Süßstoff, seine krebserregende Wirkung ist längst widerlegt worden. Versorgen Sie sich mit Sonnenblumen-, Maiskeim- oder Distelöl, um das Angebot hochungesättigter Fettsäuren zu gewährleisten. Ersetzen Sie Weißmehlprodukte durch Vollkornerzeugnisse (Brot, Teigwaren, Gebäck und Mehl). Bevorzugen Sie fettarme Fleisch- und Fischsorten (es muß nicht jeden Tag ein Stück Fleisch verbraten werden). Ein Entlastungstag pro Woche ohne Fleisch, Aufschnitt und Wurstwaren bedeutet Gewinn für die schlanke Linie und die Zellgesundheit. Essen Sie Quark, Joghurt und andere Sauermilchprodukte, fettarme Käsesorten, und trinken Sie mindestens einen halben Liter Milch pro Tag. Honig ist ein hervorragendes Süßmittel, jedoch sollte eine sparsame Verwendung selbstverständlich sein. Für den kleinen Hunger zwischendurch bieten sich Obst, Gemüsestreifen, ungeschwefelte Trockenfrüchte, ein Quarkdipp oder Joghurt an. Das Abendessen sollte leicht und kalorienarm ausfallen und möglichst nicht nach 18 Uhr eingenommen werden.

Auf Bonbons, Süßigkeiten, Schokolade und Kuchen sollten insbesondere Kinder nicht vollkommen verzichten. Ab und zu ist das ersehnte »Zuckerl« erlaubt. Beim abendlichen Fernsehen können Kohlrabischeiben (eine frische Knolle bietet mehr Vitamin C als eine Apfelsine), Karottenstreifen, Bananenstückchen mit Nüssen, geviertelte Äpfel und einige Vollkornkekse Gesundheit anbieten. Ein Glas warme Milch mit Honig fördert den erholsamen Schlaf.

Im Zusammenhang mit kaloriengebremster knapper Kost und ihrer Auswirkung auf die Langlebigkeit und Gesundheit wurden in unserem Jahrhundert eine Reihe von Tierexperimenten gestartet, die zum Nachdenken anregen und durchaus Parallelen zum menschlichen Eßverhalten schaffen. In einer berühmten Versuchsreihe wurden Ratten mit Rationen von etwa 60 Prozent einer Menge gefüttert, die durchschnittlich junge Tiere aufnehmen. Die eingeschränkte Kost enthielt Ergänzungen durch Vitamine, Mineralien und Spurenelemente. Während der Dauer des Experiments verlangsamte sich das Wachstum der Tiere, obwohl sie frisch und gesund wirkten. In diesem Zustand konnten sie bis zu 1000 Tage gehalten werden, und sie überlebten einen Zeitraum, in dem normal gefütterte Ratten verstarben. Unter der Versorgung mit der eingeschränkten Ration wuchsen die Tiere und wurden sexuell aktiv. Ihre Fortpflanzungsfähigkeit bestand noch im fortgeschrittenen Alter – im Gegensatz zu den Tieren, die ständig normales Futter erhielten.

In den sechziger und siebziger Jahren führte eine vieldiskutierte vergleichende Studie des Instituts für Krebsforschung in Philadelphia zu einer maximalen Lebensdauer von 1000–1099 Tagen bei normal gefütterten Tieren. Die reduziert ernährte Gruppe, die gleichzeitig Nahrungsergänzungssubstanzen erhielt, lebte 1600–1699 Tage. Die kaloriengebremste Ernährung – ohne Mangel an lebenswichtigen Substanzen – erbrachte eine Lebensverlängerung bei voller Gesundheit von etwa 60 Prozent.

Die Wissenschaftler A.H. Carlson und F. Hoelzel unternahmen Versuche mit regelmäßigen Fastenzeiten und deren Auswirkungen auf die Lebensdauer. Sie verabreichten Nagern soviel hochwertige Nahrung wie sie mochten, ließen die Tiere aber jeden zweiten Tag fasten. Eine andere Gruppe fastete nach reichlicher Fütterung jeden dritten oder vierten Tag. Die Lebensdauer der ständig fressenden Nager betrug 800 Tage, und die der zeitweilig fastenden Tiere betrug zwischen 1000–1100 Tage. Das Fazit: Die Lebensdauer verlängerte sich bei guter Gesundheit um 20–30 Prozent. Das zeitweilige Fasten wurde mit Tieren in einem Lebensalter probiert, das etwa dem eines 30–35jährigen Menschen entspricht. Das zeitweilige Fasten im Wechsel mit vollwertiger Ernährung bewirkt nach gesicherten Erkenntnissen keine Wachstumshemmung beim Menschen, wohl aber eine Verlängerung der Vitalität, der geistigen Frische und der gesunden Lebensjahre. Ein Fastentag pro Woche zählt im übrigen zu den physiologisch natürlichen Gegebenheiten des Menschenlebens seit Urzeiten. Dem Sammler und Jäger stand keineswegs regelmäßig ein Angebot von drei reichhaltigen Mahlzeiten pro Tag zur Verfügung. War ihm das Jagdglück hold, so aß die Sippe relativ üppig, und vom Überschuß legte der Körper Fettdepots für karge Zeiten an. Die weise Natur hat das Überleben des Menschen auch ohne regelmäßige Mahlzeiten so eingerichtet, daß aus den zuvor angelegten Speichern gezehrt wird. Bei diesem Mechanismus ist es in den Jahrtausenden der Evolution geblieben. Allerdings haben uns Kühlschrank und Supermarkt die notwendige Vorratshaltung abgenommen, quasi nach außen verlegt. Wir speichern Fettpolster für Notzeiten, die eigentlich niemals aufgezehrt werden. Es sei denn, wir unterwerfen uns aus eigenem Willen diesem kargen Nahrungsangebot, um aus dem biologischen Fastenstoffwechsel den Körper mit Energie zu versorgen und aufzubrauchen, was die innere Vorratshaltung anspeicherte. An einem Fastenwochenende genügen Gemüse- und Obstsäfte, Mineralwasser und Kräutertee, um den Flüssigkeitshaushalt des Körpers aufrechtzuerhalten, Schlacken auszuschwemmen, Ballast und Zellmüll loszuwerden. Wenn die notwendige Versorgung mit Vitaminen und Mineralstoffen erfolgt, findet ganz nebenbei eine erfreuliche Gewichtsabnahme statt. Noch viel wichtiger aber ist: der Körper regeneriert und verjüngt sich spürbar. Die Verdauungsorgane werden auf Sparflamme gesetzt, Wasseransammlungen verschwinden, die Haut glättet sich, die Gesichtszüge und Augen wirken klarer, und die Vitalität des Körpers nimmt unter dem Verzicht auf feste Nahrung zu. Selbst geistige Leistungen leiden unter der Fastenzeit nicht, solange die Versorgung mit lebenswichtigen Vitaminen und Mineralstoffen gewährleistet ist. Regelmäßige Fastenzeiten heben die Konzentrationsfähigkeit und Gedächtnisleistung an und geben der Kreativität Auftrieb.

Nicht umsonst heißt die kontrollierte Form des Fastens in Kliniken oder unter der Aufsicht des Arztes »Heilfasten«. Wer die wirklich heilenden Kräfte des zeitweiligen Nahrungsverzichts kennt, ist erstaunt und begeistert und plant die Entlastung immer wieder ein. (Sie finden Anregungen zum Heilfasten unter weiterführender Literatur.)

Biochemische Daten zeigen eindeutig, daß kalorienarm, aber vollwertig ernährte Tiere »chemisch jünger« als normal gefütterte Gruppen sind. Das biochemische Alter der Tiere unter knapper Kost weicht vom tatsächlichen Lebensalter deutlich ab. Dafür gibt es recht aufschlußreiche Beweise. Der Cholesterinspiegel normal ernährter Tiere erhöht sich mit zunehmendem Alter, nicht aber der jener Tiere, die eine kalorienarme, mit Vitalstoffen angereicherte Fütterung erhielten. Die Veränderung des Bindegewebes der Haut, insbesondere des Kollagens, gilt als deutlicher Biomarker, das Alter des Tieres festzustellen. Bei kalorienarm ernährten Tieren tritt die Alterung des Bindegewebes deutlich später ein, sie sind biochemisch einfach jünger. Die Fettzellen von Ratten unter reduzierter Fütterung sprechen bedeutend intensiver auf Hormone an, die ins Blut gelangen, um das Nahrungsangebot in Energie umzusetzen und den Zellhaushalt zu versorgen.

Beim Tier wie beim Menschen verliert sich mit zunehmendem Alter diese Ansprechbarkeit auf körpereigene Hormone, wenn nicht rechtzeitig eine Gegensteuerung eintritt. Ähnlich günstige Beobachtungen betrafen – unter Einschränkung des Kalorienangebots – die Wirksamkeit von Enzymen, jenen Steuerungssubstanzen, die das Tempo des Stoffwechselgeschehens kontrollieren und regulieren und ebenso die Fähigkeit des körpereigenen Abwehrsystems. Mit den gelebten Jahren wird das Immunsystem Zug um Zug geschwächt, Antikörper und Killerlymphozyten geraten in die Defensive, so daß toxische Substanzen, Viren und Bakterien leichtes Spiel haben, Unheil anzurichten. Gleichzeitig treten selbstzerstörerische, aggressive Prozesse auf, die Autoimmunkrankheiten den Weg ebnen und die Reparatursysteme in Zellen und Geweben außer Kraft setzen. Im Tierversuch konnte unter kaloriengebremster Kost die Wirksamkeit des Immunsystems deutlich länger erhalten und die selbstzerstörerischen Prozesse hinausgezögert werden. Im übrigen sind nach Meinung der Wissenschaftler kalorienarm ernährte Tiere »genauso schlau« wie die herkömmlich gefütterten. Eine reduzierte Energiezufuhr wurde deshalb bei den entwöhnten Tieren praktiziert, was in etwa dem Eintritt ins Erwachsenenalter des Menschen entspricht. Die Gehirnalterung setzte bei diesen Tieren später ein, so daß – mit aller Vorsicht ausgedrückt – die Beschränkung der Kalorienzufuhr bei vollwertiger Kostgestaltung durchaus positive Wirkungen auch auf die menschliche Gehirnleistung haben könnte.

Der Venezianer Cornaro pries die Genügsamkeit, lebte in geistiger Frische 103 Jahre und ahnte nichts von der modernen Gerontologie. Er wußte offenbar empirisch mehr über ein biologisches Eßverhalten zur Verlängerung der vitalen Jahre als Experten und Ärzte unserer Zeit. Trotz der Zunahme ernährungsabhängiger, vermeidbarer Erkrankungen, die ihren beträchtlichen Anteil an der Kostenexplosion im Gesundheitswesen haben, zählt die Ernährungslehre zu den sträflich vernachlässigten Wissensgebieten der vorsorgenden Medizin. Erst in den achtziger Jahren kam der Gedanke auf, im Rahmen spezieller Schulungen Ärzten und ihren Helferinnen die Grundlage vorsorgender Ernährungsmaßnahmen zu vermitteln, um in der täglichen Praxis verständliche Hilfen anzubieten. Die herkömmliche Ausbildung unserer Ärzte umfaßt lediglich das Studium von Diätmaßnahmen bei bereits bestehenden Krankheiten wie Diabetes, Fettstoffwechselstörungen, Herz-Kreislauf-Erkrankungen und Gicht. Wie eine vorbeugende Ernährung mit dem Angebot aller notwendigen Nährstoffe aussehen soll bzw. was die einzelnen Substanzen bewirken, um den Organismus gesund und leistungsfähig zu erhalten und auf ein beschwerdefreies Alter vorzubereiten, zählt bisher nicht zum medizinischen Ausbildungsplan. Dagegen wuchs die Sensibilisierung in der Bevölkerung für ein richtiges Ernährungsverhalten stetig an. Die Anhäufung von Umweltkatastrophen, das Waldsterben, der saure Regen und die Luft- und Wasserverschmutzung trugen nachhaltig dazu bei, daß auf brennende Fragen Antworten in praxisnaher und verständlicher Form erwartet werden und zur Verfügung stehen sollten.

Seriöse Gerontologen und fortschrittliche Ärzte betonen, daß gerade die richtige Ernährung ein Eckpfeiler der Gesundheitsvorsorge und der Vorbereitung auf ein beschwerdefreies Alter ist. Teure Diätprogramme, kosmetische Anwendungen, das Glätten von Runzeln und Falten durch chirurgische Eingriffe, der oft qualvolle Aufbau von Muskelsubstanz in Fitneß-Centern, die wie Pilze aus der Erde schießen, sind im Grunde genommen völlig sinnlos, wenn die Ernährung nicht die notwendige Veränderung erfährt und den tatsächlichen Bedürfnissen angepaßt wird. Die knappe, kaloriengebremste und vollwertige Ernährung bedeutet keinesfalls langweilige Diät- oder Krankenhauskost. Im ursprünglichen Sinne wird der Begriff Diät durch die umfassende Bezeichnung »Lebenseinteilung« übersetzt. Schon die alten Römer verstanden unter dem Begriff Diät mehr als wir es heute allgemeinhin tun. Ein weiser Mann unter ihnen gab den guten und für unsere Zeit unverändert gültigen Ratschlag: »Halt an drei Ärzte dich, wenn's geht – an Ruhe, Fröhlichkeit und Diät.«

4. Kapitel
Nicht Eiweißmast, sondern richtiges Protein ist wichtig

Vom Wasser einmal abgesehen besteht der menschliche Körper hauptsächlich aus Eiweißsubstanzen, die auch Proteine genannt werden. Die Muskulatur und Grundsubstanz des Knochengerüstes, die Knorpel, Sehnen und Bänder, das Haar, die Haut und Fingernägel, das Gehirn und die inneren Organe und Gewebe, jede einzelne Zelle sind auf die unaufhörliche Versorgung mit hochwertigem Protein angewiesen. Mangelt es dagegen an dem kompletten Angebot aller notwendigen zweiundzwanzig Aminosäuren, schreitet der Alterungsprozeß zügig voran, und die Reparatur bereits entstandener Schäden stößt auf große Schwierigkeiten.

Ebenso wie wir aus den Buchstaben des Alphabets ungezählte Wörter und Begriffe zusammenstellen, entstehen aus der Vielfalt des Eiweißangebotes der Nahrung Kombinationen von Proteinen. So unterscheiden sich beispielsweise die Eiweißsubstanzen des Fleisches und der Milch von denjenigen der Getreidekörner, Erbsen, Sojabohnen und Nüsse. Sie werden grob in Proteine tierischer und pflanzlicher Herkunft unterteilt. Die Zusammensetzung der Eiweißbestandteile in den Organen und Geweben unseres Körpers ist wiederum vielfältig und unterschiedlich, da sie aus bestimmten Kombinationen von Aminosäuren entstehen. Werden eiweißhaltige Nahrungsmittel verzehrt, zerlegt der Verdauungsapparat das angelieferte Protein in Aminosäuren. Diese treten durch die Darmwand ins Blut über, werden in der Leber aufgebaut, und das unermüdliche Transportorgan Blut befördert die wichtigen Baustoffe zu jeder Zelle des Körpers. Ihnen steht frei, welche Aminosäuren sie dem vorbeiströmenden Blut entnehmen. Die jeweilige Nachfrage entscheidet darüber, welche Proteinkombinationen zur Zellneubildung oder Reparatur, zum Aufbau von Enzymen, Antikörpern, Hormonen und Blutzellen benötigt werden.

- *In jeder Sekunde des Lebens bauen zelleigene Enzyme Körperproteine ab. Ein gesunder, funktionstüchtiger Organismus ist darum auf den lückenlosen Nachschub angewiesen, um verbrauchte Substanzen übergangslos zu ersetzen.*

Wird mehr Eiweiß mit der Nahrung aufgenommen als der Organismus gerade benötigt, entzieht die Leber dem pulsierenden Blut überschüssige Aminosäuren, um diese als Speicher-Protein für etwaige Notzeiten anzulegen und bei Bedarf wieder freizusetzen. Ist das Nahrungsangebot vollwertig, bleibt auch der Bestand an Aminosäuren ausgewogen. Aus diesem Grunde sollte der Nachschub stimmen, das heißt, es kommt nicht auf die Menge, sondern auf die optimale Zusammensetzung der verzehrten Eiweißbausteine an. Nach neuen ernährungsphysiologischen Erkenntnissen sollten pro Tag und Kilogramm Körpergewicht 0,8 Gramm Eiweiß aufgenommen werden. Bei Leistungssportlern und körperlich schwer arbeitenden Menschen ist der Bedarf je nach Trainingszeit und Belastung erhöht. Auch schwangere Frauen benötigen Zulagen, so daß 0,8 Gramm Eiweiß als Richtschnur für den gesunden Erwachsenen bei durchschnittlicher körperlicher Beschäftigung anzusehen sind.

Für die Zusammensetzung des Eiweißangebotes aus der Nahrung ist wichtig: vierzehn Aminosäuren kann der Körper aus Fetten, Zucker und Stickstoff aufbauen. Acht Aminosäuren werden als lebenswichtig (essentiell) bezeichnet, weil sie direkt mit dem Nahrungsangebot zur Verfügung gestellt werden müssen. Ein körpereigener Aufbau ist in diesem Fall unmöglich. Die essentiellen Aminosäuren sind ebenso wichtig wie die Vitamine! Eigentlich ist die Unterteilung irreführend, denn der Körper braucht jede der zweiundzwanzig Aminosäuren für seinen fein abgestimmten Bau- und Reparaturplan, selbst wenn die vierzehn aufbaufähigen nicht direkt als Nahrungsbestandteil verzehrt werden müssen.

Die Eiweiß-Biosynthese unterliegt dem für Zellen und Gewebe charakteristischen und hormonell kontrollierten Aufbau genetisch festgelegter Proteinsubstanzen. Diese erfolgt auf Grund der individuell wichtigen und für jede Zelle geltende Erbinformation, die von der Desoxyribonucleinsäure (DNS) im Zellkern ausgeht.

Der menschliche Körper ist ein wunderbar funktionierender Organismus mit einer unglaublichen Fülle biochemischer, exakt ablaufender Vorgänge. So wird z. B. am Gen im Zellkern der schraubenförmig gewundene DNS-Doppelstrang (die sogenannte Doppelhelix) aufgetrennt bzw. gespreizt und die wichtige Information auf eine Boten-Ribonucleinsäure (Messenger-RNS) übertragen. Dadurch entsteht eine neue komplimentäre Basenfolge (Kodon) für jede der Aminosäuren, die für die Zelle erforderlich und typisch sind und ihr die Grundlage zum Aufbau neuer, erbgetreuer Zellen bietet.

Diese Beschreibung kann lediglich als grobe Zusammenfassung lebenserhaltender Vorgänge in den wundersamen Urbausteinen unseres Lebens gelten.

Heutzutage stoßen Sie beim Lesen eines Gesundheitsartikels in der Presse oder auf Beipackzetteln unterschiedlicher Medikamente und Aufbaupräparate auf die Namen von Aminosäuren, auf solche, die der Körper aufbauen kann, und jene essentiellen, die sich unbedingt in der Nahrung befinden müssen. Die essentiellen Aminosäuren sind: Isoleucin, Leucin, Lysin, Methionin, Phenylalanin, Threonin, Tryptophan und Valin. Für Kinder sind Histidin und Arginin ebenso essentiell. Sie beeinflussen das Wachstum und sind zu Zeiten außerordentlicher Belastung entscheidend wichtig.

Der menschliche Körper synthetisiert die Aminosäuren: Alanin, Glycin, Glutaminsäure, Hydroxyprolin, Prolin, Asparaginsäure, Serin, Tyrosin, Cystin, Hydroxyglutaminsäure, Norleucin und di-Jod-tyrosin.

Die biologische Wertigkeit eiweißhaltiger Lebensmittel wird von ihrem jeweiligen Angebot essentieller Aminosäuren bestimmt. Das heißt im Klartext: je vollständiger das Angebot der 8 lebenswichtigen Aminosäuren vorliegt, um so wertvoller ist das eiweißhaltige Lebensmittel bzw. die biologische Proteinzusammensetzung. Lebensmittel mit diesem höchsten Protein sind z. B. Frischmilch, Eidotter, Leber und Nieren von Schlachttieren. Wer genügend und regelmäßig Milch trinkt, erhält ein komplettes Eiweißangebot, denn jede der acht essentiellen Aminosäuren ist in ausreichender Menge vertreten, um den Körper mit seinen Billionen Zellen gesund zu erhalten. Dagegen werden eiweißhaltige Lebensmittel, denen eine oder mehrere der acht lebenswichtigen Aminosäuren ganz oder teilweise fehlen, als inkomplett bezeichnet. Allgemeinhin bieten Lebensmittel tierischen Ursprungs wie Fleisch und Fisch, Eier, Milch und Käse mehr lebenswichtige Aminosäuren an als pflanzliche Eiweißträger. Jedoch gibt es auch hier gewisse Unterschiede. Bratenfleisch oder Koteletts enthalten zwar ein komplettes Eiweißangebot, nur sind einige essentielle Aminosäuren nicht so reichlich vertreten wie in Nieren und Leber. Sie sind demnach nicht ganz so wertvoll wie Innereien. Da wir uns wegen der hohen Schadstoffbelastung den Verzehr von Innereien mehr und mehr verkneifen – und gut daran tun –, brauchen wir auf ein komplettes Aminosäurenangebot durchaus nicht zu verzichten. Wer ohnehin weniger Fleisch auf den Teller bringen möchte, kann auf pflanzliches, komplettes Protein umsteigen und hat dabei den Vorteil, das Angebot versteckter Fette bzw. von Cholesterin – die notgedrungen mit Fleischspeisen verzehrt werden – zu reduzieren. Die Eiweißbausteine von Getreidekeimen, Bierhefe, Sojabohnen und verschiedenen Nüssen sind komplett, während durch den Verzehr von Hülsenfrüchten sowie von Getreide und Mehl, dessen Keime entfernt wurden, nicht alle 8 lebenswichtigen Aminosäuren aufgenommen werden. Sie sind unvollständig und erfordern darum eine sinnvolle Ergänzung. Wer sich bewußt ernährt, bevorzugt magere pflanzliche und tierische Eiweißspender und nutzt deren biologische Ergänzungswirkung. Das heißt: werden zwei oder mehrere unvollständige eiweißhaltige Nahrungsmittel während einer Mahlzeit verzehrt, können sich die Proteine untereinander in der Form ergänzen, daß alle acht lebenswichtigen Aminosäuren in ausreichender Menge zur Verfügung stehen und dem Körper die notwendige Bandbreite anbieten.

Günstige Kombinationen sind beispielsweise Vollkorngetreide mit Milch als Müsli, Vollkornbrot mit Quark, Kartoffeln mit Ei, Vollkornteigwaren mit Käse, Hülsenfrüchte mit Vollkornbrot und Ei.

Milch sollte wegen des kompletten Eiweißangebotes und ihres wichtigen Gehalts an Kalzium täglich getrunken werden. Für den Erwachsenen ist der Genuß von einem halben Liter fettarmer Frischmilch oder der entsprechenden Menge an Sauermilchprodukten ein Lebenselexier, um Jugendlichkeit, geistige Frische und auch die Schönheit zu erhalten. Es kommt eben darauf an, alle Aminosäuren zu jeder Mahlzeit aufzunehmen und das Angebot aus pflanzlichen und tierischen Eiweißbausteinen so geschickt zusammenzustellen, daß eine Verschwendung und insbesondere die überhöhte Fettzufuhr vermieden werden. Ungezählte Versuchsreihen an Tier und Mensch stellten dar, wie sich die Unterversorgung mit lebenswichtigen Aminosäuren auswirkt. Fehlt es beispielsweise an Methionin, Tryptophan oder Isoleucin, kann die Leber die Bluteiweißstoffe Albumin und Globulin nicht in der erforderlichen Menge herstellen. Die Urinausscheidung unterliegt Störungen. Es kommt zu Wasseransammlungen in den Geweben, die sich als Ödeme zeigen und als zusätzliches Körpergewicht zu Buche schlagen. Die Augenumgebung, Füße und Beine schwellen äußerlich sichtbar an, denn das Gewebe hortet Wasser. In diesem Fall schaffen nicht etwa wassertreibende Medikamente, sondern in erster Linie die Versorgung mit allen lebensnotwendigen Aminosäuren dauerhaft und biologisch Abhilfe.

Eine Unterversorgung mit Methionin und Tryptophan beeinflußt die Bildung von körpereigenen Abwehrstoffen negativ. Die Infektionsabwehr erlahmt, und im Tierversuch kommt es zu deutlichem Haarausfall. Eine unvollständige Versorgung mit Arginin führt beim Tier zur Unfruchtbarkeit, und ein Mann riskiert wahrscheinlich die geminderte Produktion und Beweglichkeit von Samenfäden. Eine Unterversorgung mit Methionin führt nach wissenschaftlichen Studien bei Mensch und Tier zu überhöhten Fetteinlagerungen in der Leber.

Wer sich sein attraktives Aussehen, Lebenslust, Jugendlichkeit und geistige Frische möglichst lange bewahren möchte, sollte die Aufgaben und Wirkungen der Aminosäuren kennen und wissen, wie sie den Zellhaushalt instand halten und welche Störfälle eintreten, falls es an dieser oder jener fehlen sollte. Über den Eiweißbedarf und die jeweilige Zusammensetzung des Angebotes besteht in breiten Kreisen der Bevölkerung Unklarheit, und die allgegenwärtige Werbung nutzt diesen Umstand gehörig aus. Da soll beispielsweise ein Becher Joghurt die Proteinanteile eines kleinen Steaks bieten. Wieviel tatsächlich beide enthalten und ob der Austausch tatsächlich anzuraten ist, weiß eigentlich niemand. Ähnliches gilt für die unverzichtbaren Eiweißbausteine in bestimmten Brotaufstrichmischungen, die nach Ansicht der Werbung Kinder unbedingt verzehren sollten. In Wirklichkeit ist der Anteil des kompletten Proteins so gering, daß täglich ungeheure Mengen des süßen Brotaufstrichs benötigt würden, um das Angebot auf diesem Wege zu rechtfertigen. Ausreichend dagegen vorhanden ist der Zucker! Er tut weder den Zähnen noch dem Stoffwechsel gut.

Wer glaubt, daß ein Frühstücksei und ein kleines Stück Fleisch zum Mittagessen oder Abendbrot die täglich erforderliche komplette Eiweißversorgung garantieren, unterliegt eindeutig Informationslücken. Ein Hühnerei bietet ca. 6 Gramm komplettes Protein, 125 Gramm Fleisch ohne Knochen mit wenig Fett enthält etwa 18–22 Gramm. Das Proteinangebot beläuft sich bei dieser sparsamen Verzehrweise auf 26–28 Gramm und ist bei einem durchschnittlich erforderlichen Bedarf von 0,8 Gramm pro Kilogramm Körpergewicht für den Erwachsenen unzulänglich. Ein Liter fettarme Frischmilch bietet etwa 35 Gramm komplettes Protein, so daß der zusätzliche Genuß von einem halben Liter das notwendige Angebot bereits auf 43–45 Gramm anhebt. Aus diesem Grunde empfehlen Ernährungsexperten Milch und Milchprodukte, um einem Mangel an lebenswichtigen Proteinen vorzubeugen.

Wer Milch, Käse und Eier nicht mag oder eine streng vegetarische Kostform praktiziert, sollte dringend auf die tägliche Versorgung mit Weizenkeimen, Sojabohnen, Bierhefe und Nüssen achten. Eine halbe Tasse Weizenkeime bietet ca. 25 Gramm komplettes Protein an. Eine Tasse fettarmes Sojamehl versorgt den Organismus mit ca. 60 Gramm vollständigem Protein. Eine halbe Tasse Bierhefepulver enthält ungefähr 50 Gramm, während eine halbe Tasse Nüsse, je nach Art, 14–22 Gramm komplettes Eiweiß liefert. Mit diesem pflanzlichen Proteinangebot in ausreichender Menge kann sich der Mensch durchaus wohlfühlen, jung und vital bleiben und selbst sportliche und geistige Leistungen vollbringen. Die Voraussetzung ist nur, daß die grundlegenden Erkenntnisse der Ernährungslehre angewandt werden, sonst ist die Versorgung mit komplettem Protein auf Dauer problematisch.

Das so gesund scheinende vegetarische Leben kann zum Beispiel Mangelerscheinungen und vorzeitige Abbauprozesse fördern. Vorbehandelte Getreideflocken (Fertigprodukte) enthalten hohe Anteile von Stärke, die in Zucker umgewandelt werden. Eine Tasse davon bietet lediglich 1–3 Gramm inkomplettes Protein. Wer annimmt, damit gesund zu leben und gleichzeitig genügend Eiweißbausteine aufzunehmen, könnte sich gleich an der Zuckerdose bedienen. Ein Frischkornmüsli mit den wertvollen Keimen ist dagegen den bequem zu handhabenden vorbehandelten Produkten in jedem Fall vorzuziehen.

Von allen eiweißreichen Nahrungsmitteln sind die höchstkonzentrierten auch gleichzeitig die preisgünstigsten, so daß sich jede Familie mit schmalen Einkommen genügend wertvolles Protein besorgen kann. Nicht das »Stück Lebenskraft« (Fleisch) minderer Qualität mit unverhältnismäßig hohen Wasser- und Fettanteilen ist das Nonplusultra einer zeitgemäßen Proteinversorgung, sondern der Verzehr von frischen Weizenkeimen, Sojamehl und die Anreicherung der Speisen mit Bierhefe und auch Magermilchpulver macht es möglich, genügend komplettes und wertvolles Protein aufzunehmen.

Ein Umdenken ist allerdings die Voraussetzung, und eingefahrene Verhaltensmuster sollten den fortschrittlichen und gesundheitsorientierten Eßgewohnheiten weichen. Wie mühsam das zu bewerkstelligen ist, kann ich aus eigener Erfahrung nur unterstreichen, denn die Familie ist häufig nur schwer zu überzeugen. Wer sich Vitalität, Schönheit und Gesundheit erhalten möchte, braucht durchaus nicht zum Vegetarier zu werden. Ein sparsames Fleisch- und Wurstangebot, der Verzehr von Fisch und fettarmen Milchprodukten in jeder Form schränkt die Lebensqualität überhaupt nicht ein. So erwächst ein bewußtes Ernährungsverhalten, das die Versorgung mit wertvollen Proteinen tierischen und pflanzlichen Ursprungs ausbalanciert und die einseitige Eiweißmast durch Fleisch verhindert. Eiweißverschwendung ist keineswegs vonnöten, um den Körper jugendlich und elastisch zu erhalten.

5. Kapitel
Was die Aminosäuren für die Gesundheit leisten können

Bei einer ausgewogenen Ernährungsweise sollte die angepaßte oder maßgeschneiderte Versorgung mit lebenswichtigen Aminosäuren eigentlich mühelos erfolgen. Wenn Sie allerdings meinen, daß Sie Ihren persönlichen Proteinbedarf nicht mit der Nahrung decken und/oder vorzeitige Abbau- und Alterungsprozesse Ihnen Sorgen bereiten, sprechen Sie bitte mit Ihrem Arzt, ob er zu Ergänzungspräparaten rät! Es handelt sich um Eiweißkonzentrate, die das komplette Angebot der lebenswichtigen Aminosäuren enthalten. Diese werden zumeist aus Sojabohnen gewonnen, sind fett- und kohlenhydratfrei, und 2 Eßlöffel liefern durchschnittlich 26 Gramm vollständiges Protein. Es handelt sich in etwa um den Gegenwert, der mit einem mittleren Steak verzehrt wird.

Sicherlich haben Sie, liebe Leserinnen und Leser, von der einen oder anderen Aminosäure schon gehört, die in der Lage ist, der Gesundheit und Leistungsfähigkeit wieder auf die Sprünge zu verhelfen oder auch die körpereigene Abwehrfähigkeit anheben kann. Bestimmte Aminosäuren spielen in einem erhöhten Angebot als wirksame Gegenspieler vorgezogener Alterungsprozesse eine Rolle. Sie finden ebenso bei der Entwöhnung nach Drogen- und Medikamentenmißbrauch gezielte und kontrollierte Anwendung. Ich rate Ihnen auf jeden Fall, ärztlichen Rat einzuholen, ob bei eventuellen Eiweißstoffwechselstörungen eine Unterversorgung mit der einen oder anderen Aminosäure vorliegen kann. Weiterhin sollte geprüft werden, ob die vom Proteinstoffwechsel benötigten Vitamine B_6, B_{12} und Niacin in ausreichender Menge zur Verfügung stehen.

Allerdings möchte ich Sie dringend davor warnen, aminosäurehaltige Präparate an Stelle der Nahrung und vor allem regelmäßig einzunehmen. Ebenso gesundheitsschädigend kann sich die Einnahme von Aminosäuren anstatt von Medikamenten ohne ärztliche Kontrolle auswirken!

Einige der Aminosäuren möchte ich Ihnen vorstellen, damit Sie Ihre Kostgewohnheiten auf eine ausreichende Versorgung einstellen können.

Lysin: Die besten natürlichen Quellen sind Milch, Sojaprodukte, Fisch und Fleisch, Eier, Käse und Hefe. Diese lebenswichtige Aminosäure fördert das gesunde Wachstum und die ungestörte Zellreparatur in den Körpergeweben. Sie ist für den Aufbau von Hormonen, Antikörpern des Immunsystems und Enzymen (Steuerungsstoffen) notwendig. Lysin unterstützt das Konzentrationsvermögen und fördert die allgemeine geistige Leistungsbereitschaft. Es trägt zur ordnungsgemäßen Verwertung der Fettsäuren bei, die der Körper zur Energieproduktion benötigt. Die essentielle Aminosäure verhindert bei ausreichendem Angebot Störungen der Fortpflanzungsfähigkeit und wirkt vorbeugend und heilend bei Herpes. Wenn Ihnen unerklärbare Müdigkeit, Haarausfall, gerötete Augen, plötzlich auftretender Schwindel und Übelkeit zu schaffen machen, kann eine Unterversorgung mit Lysin vorliegen. Im fortgeschrittenen Alter benötigen insbesondere Männer ein höheres Lysin-Angebot.

Da eine Reihe von Getreidesorten kaum Lysin enthält, muß auf die Ergänzung durch anderes pflanzliches Protein, z. B. durch Soja oder tierisches Protein, geachtet werden. Ein Vorschlag wäre, Vollkornbrot mit Ei oder Käse zu verzehren oder Weißmehl mit Sojaprotein aufzuwerten.

Arginin: Gute natürliche Quellen sind Nüsse, Rosinen, Sonnenblumen- und Sesamkerne, Johannisbrot, Hafergrütze und weitere tierische Eiweißlieferanten. Arginin wird von der Leitstelle des innersekretorischen Drüsensystems, der Hypophyse, benötigt, um das sogenannte Wachstumshormon freizusetzen. Diese Substanz der Jugendlichkeit wird in der Hirnanhangdrüse gespeichert und im Schlaf oder bei körperlicher Betätigung in die Blutbahn abgegeben. Zur Freisetzung des Wachstumshormons sind außer Arginin die Aminosäuren Glycin, Ornithin, Tyrosin, das Vitamin B_6, Niacin, Vitamin C, Kalzium, Kalium, Magnesium und Zink notwendig, um die Ausschüttung zu veranlassen. Es heißt, daß diese etwa 90 Minuten nach dem Einschlafen ihren Höhepunkt erreicht. Alle genannten Vitalstoffe sind erforderlich, um die Produktion des Wachstumshormons anzuregen. Jeder Erwachsene benötigt eine gute Versorgung mit Arginin und den weiteren Nährstoffen, da der Wachstumshormonspiegel etwa um das 30. Lebensjahr stetig absinkt und dann etwa mit dem 50. Lebensjahr gänzlich versiegt. Nach neuen Studien können die genannten Freisetzer des Wachstumshormons – soweit sie in ausreichender Menge zur Verfügung stehen – die Produktion auch über diese Schwelle hinweg fortsetzen und nahezu auf dem Stand eines jungen Erwachsenen halten. Es gibt das Wachstumshormon auch in Form von Präparaten. Es sollte aber keinesfalls und auf eigene Faust vor dem 25. Lebensjahr eingenommen werden, es sei denn, der Arzt hätte die Einnahme ausdrücklich verschrieben. Die essentielle Aminosäure Arginin ist insbesondere für Männer von Bedeutung, da ein Mangel zu Unfruchtbarkeit führen kann. Arginin steigert die Anzahl und Beweglichkeit von Samenfäden, hebt die körpereigene Abwehrfähigkeit an und begünstigt die Heilung von Wunden. Es unterstützt den Abbau von Speicherfett und kräftigt das Muskel- und Bindegewebe. Arginin sorgt weiterhin für kräftige Sehnen und Bänder, was besonders für Sporttreibende wichtig ist. Jede Verletzung hebt den Arginin-Verbrauch an; es sollte daher stetig und ausreichend zur Verfügung stehen.

Solange das Wachstumshormon von der Hirnanhangdrüse abgesondert wird, kann die körpereigene Hormonbildung auch bei fortschreitendem Alter in gewissem Umfang erhalten bleiben. Der Fettabbau wird begünstigt, die Umsetzung in Energie verläuft rascher, und der Harnstoffanteil des Blutes bleibt unter Kontrolle.

Tryptophan: Gute natürliche Quellen sind Milch, Hüttenkäse, Fisch, Geflügel (Puter), Bananen, getrocknete Datteln, Erdnüsse und Fleisch. Die essentielle Aminosäure wird in Gemeinsamkeit mit Vitamin B_6, Niacin (auch Vitamin B_3 genannt) und Magnesium dringend benötigt, um die Substanz Serotonin zu produzieren. Es handelt sich um einen elementar wichtigen Stoff, der Signale zwischen dem menschlichen Gehirn und den natürlichen Schlafmechanismen des Organismus vermittelt. Tryptophan nimmt aber nicht allein ordnenden Einfluß auf die biologischen Schlafabläufe, sondern wirkt als natürliche Substanz gegen depressive Verstimmungen, denen ungezählte Menschen mit ansteigender Tendenz unterworfen sind. Tryptophan mindert Angstzustände und die belastenden Auswirkungen des Negativstresses. Die Aminosäure senkt die Schmerzempfindlichkeit und lindert die bekannten Entzugserscheinungen bei Alkohol- und Drogenentwöhnung. Besonders bemerkenswert ist die Tatsache, daß Tryptophan-Mangel zur allmählichen Veränderung der Persönlichkeit führen kann. Da die essentielle Aminosäure ein biologischer Bestandteil des menschlichen Körpers ist, kann sie sowohl als Nährstoff als auch in höherer, ärztlich kontrollierter Dosierung heilende Fähigkeiten entfalten, ohne den Organismus wie ein Medikament zu belasten. Aus diesem Grunde wird die Aminosäure als Schlaf- und Beruhigungsmittel benutzt und gemeinsam mit Magnesium, Vitamin B_6 und Niacin verordnet.

Phenylalanin: Die besten natürlichen Quellen sind Hüttenkäse, Sojabohnen, Mandeln, Kürbis- und Sesamkörner, Erdnüsse sowie eiweißreiche tierische Produkte. Die lebenswichtige Aminosäure überträgt wichtige Botschaften zwischen dem menschlichen Gehirn und den Nervenzellen. Der Organismus wandelt Phenylalanin in Dopamin und Norepinephrin um, die gemeinsam das Konzentrationsvermögen und die Gedächtnisleistung anheben. Bei ausreichender Versorgung kommt es nach neuen wissenschaftlichen Studien zur Minderung des Appetits und zur Anhebung des sexuellen Interesses.

Die essentielle Aminosäure kann vom Stoffwechsel nicht optimal aufgenommen werden, wenn die Vitamin-C-Versorgung mangelhaft ist. Diese Situation kann durch Nikotingenuß und die ständige Einnahme von Medikamenten leicht eintreten, da beide ausgesprochene Vitamin-C-Räuber sind. Phenylalanin kann in höherer Dosierung und unter ärztlicher Kontrolle als »biologischer Muntermacher« wirken, da die Aminosäure auf Mißempfindungen und Stimmungsschwankungen und selbst bei Depressionen ausgleichend und lindernd wirkt. Die Dosierung sollte aber niemals auf eigene Faust erfolgen, da Phenylalanin den Blutdruck anheben kann. Sprechen Sie in jedem Fall mit Ihrem Arzt. Vielfach hat sich dieser biologische Nährstoff so bewährt, daß Antidepressiva unnötig wurden. Ein komplettes Proteinangebot, das mit der täglichen Nahrung zur Verfügung steht, kann derartige Mißempfindungen, die ungezählten Menschen aller Altersgruppen zu schaffen machen, bereits im Vorfeld abwenden.

Ornithin in Gemeinsamkeit mit *Arginin:* Die besten natürlichen Quellen sind Sojabohnen und alle proteinreichen Lebensmittel tierischen und pflanzlichen Ursprungs. Die Aminosäure begünstigt die anabolische (muskelbildende) Hormonwirkung des Insulins, indem die Absonderung des Insulinhormons angeregt wird. Kreist die Aminosäure Ornithin in ausreichender Menge im Blut, steigt gleichermaßen der Arginin-Spiegel, denn aus Ornithin wird Arginin aufgebaut. Andererseits setzt Arginin im ständigen Kreislauf Ornithin frei. Diese Abhängigkeiten gelten im übrigen für eine ganze Reihe lebenswichtiger Nährstoffe. Sie tragen ursächlich dazu bei, daß im Stoffwechselgeschehen alles störungsfrei klappt.

Beide Aminosäuren sind an der Freisetzung des bereits erwähnten Wachstumshormons beteiligt. Sie gelten darum in den USA als die begehrtesten und beliebtesten Aminosäuren. Im Schlaf – wenn das Wachstumshormon seine Aufgaben erfüllt – wird der Fettstoffwechsel mobilisiert und somit das Schlankwerden und -bleiben erleichtert. Fehlt die ausreichende Absonderung des Wachstumshormons, neigt der Organismus dazu, Fett zu speichern und in »Rettungsringen« anzulegen. Auf ärztliche Verordnung können die beiden Aminosäuren als Präparat eingenommen werden. Ich plädiere allerdings mit Nachdruck dafür, die lebenswichtigen Bausteine mit einer ausgewogenen Kost aufzunehmen (Milch, Käse, Quark, magere Fleischsorten und Sojaprodukte), um die notwendige Balance im Stoffwechsel, gerade ab 30, zu erreichen. Überdosierungen können sich nach US-Erfahrungswerten durch Vergrößerung der Gelenke und Deformationen des Knochengerüstes zeigen. Weiterhin sind Störungen der Insulinausschüttung zu befürchten, die das Krankheitsbild Diabetes fördern. Sprechen Sie – falls Sie eine Nahrungsergänzung in Erwägung ziehen – in jedem Fall mit Ihrem Arzt.

Cystin und *Cystein:* Die besten natürlichen Quellen sind Eier, Milchprodukte und Geflügel. Das Cystin ist als entscheidend wichtige Substanz gegen die vorzeitige Alterung der Zelle anzusehen. Der Organismus verwandelt Cystin in Cystein, je nachdem, wo und in welcher Form Bedarf besteht. Beide Substanzen können im Stoffwechselgeschehen als eine Aminosäure gelten. Cystin liefert Schwefelsäure, die in Gemeinsamkeit mit anderen Wirkstoffen an der Entgiftung des Körpers aktiv beteiligt ist. Eine kontinuierliche und befriedigende Versorgung mit hochwertigem Eiweiß liefert Cystin bzw. Cystein und unterstützt den Organismus, mit Stoffwechselschlacken, Rückständen des Nikotins, Alkohols und von Medikamenten besser fertigzuwerden. Neue Forschungsergebnisse besagen, daß Cystein dem Körper wirksamen Schutz gegen die Auswirkungen radioaktiver Strahlung anbietet. In diesem Fall handelt es sich allerdings um therapeutisch hohe Dosierungen, die unter ärztlicher Kontrolle eingenommen wurden. Wenn Sie mit der täglichen Kost ausgewogen mit Eiweißbausteinen versorgt werden, erhalten Sie auch genügende Mengen des Cystins bzw. Cysteins, um schädigende Auswirkungen der Umweltbelastung, die zu vorzeitiger Zellalterung führen, zu beseitigen. In manchen Fällen wird Cystin therapeutisch mit gutem Erfolg eingesetzt.

Methionin: Die besten natürlichen Quellen sind eiweißreiche Lebensmittel im ausgewogenen Verhältnis, die hälftig tierisches und pflanzliches Protein anbieten. Die Aminosäure gilt neben dem Cystin als wirksamer Schutz gegen Stoffwechselstörungen und als aktiver Beitrag zur Entgiftung, da sie schwefelhaltig ist. Methionin kann den Histamin-Anteil des Blutes verringern und bewirkt auf diese Weise, daß die Gefahr der Weiterleitung falscher Botschaften vom Gehirn aus unterbleibt. Das Gewebehormon Histamin ist normalerweise überall im Körper anzutreffen. Es wird aber verstärkt bei allergischen Reaktionen freigesetzt, die sich äußerlich erkennbar als Quaddeln, Pusteln, Reizungen und Rötungen sowie Wasseransammlungen bemerkbar machen. Die Infektionsabwehrfähigkeit läßt deutlich nach. Ein Methionin-Mangel veranlaßt das Gewebe, Flüssigkeit zu binden und die Harnabsonderung einzuschränken. Es entsteht daraufhin Übergewicht, ein unangenehmes Schweregefühl in den Beinen, und die Augenumgebung schwillt an. Im Tierversuch verursacht Methionin-Mangel Cholesterineinlagerungen, Verengung der Blutgefäße und Haarausfall.

Glycin: Manchmal wird diese Aminosäure etwas abfällig als die einfachste aller Bausubstanzen des Körpers bezeichnet. Damit tut man ihr bitter Unrecht, denn im Bereich des

Jungbleibens erfüllt sie wichtige Aufgaben im Organismus. Glycin aktiviert die schwachen oder bereits rückläufigen Funktionen der Hirnanhangdrüse, die als oberste Leitstelle weitere Drüsensysteme des Körpers überwacht und steuert. Die aufbaufähige Aminosäure liefert Kreatin, eine für die Muskelfunktionen wesentliche Substanz. Sie beeinflußt damit die Elastizität des gesamten Erscheinungsbildes eines Menschen und steuert die Fähigkeit der Muskulatur, Leistung zu erbringen. Im therapeutischen Bereich wird aus diesem Grunde Glycin bei der Behandlung von Muskelschwund erfolgreich eingesetzt. Da die Aminosäure den Blutzuckerspiegel anhebt, wird sie von ernährungskundigen Ärzten gern genutzt, um beim Patienten mehr Speicherglykogen aus der Leber in den Blutkreislauf abzugeben. Zugleich bremst Glycin die übersteuerte Magensäurebildung und wirkt ausgleichend bei bestimmten Formen der Übersäuerung des Blutes, einer sogenannten Atzidose.

Glutaminsäure: Die aufbaufähige Aminosäure wird als Brennstoff für das Gehirn und zur Verbesserung seiner vielfältigen Funktionen benötigt. Sie bindet Überschüsse von Ammoniak, das die Hirntätigkeit negativ beeinflußt, und wandelt es in Glutamin um. Dieses wird als bemerkenswerter »Stoßdämpfer« bezeichnet. Da durch die Umwandlung von Glutamin ein ständiger Bedarf an Glutaminsäure besteht, kann eine eventuelle Unterversorgung empfindliche Störungen des Gehirnstoffwechsels hervorrufen und Alterungsprozesse beschleunigen.

Bei ausreichender körpereigener Produktion auf der Grundlage hochwertiger Eiweißlieferanten wird das Denkvermögen stabilisiert und vorzeitiger Erschöpfung, Mißstimmungen, Ängsten und Depressionen vorgebeugt. Glutaminsäure in höherer Dosierung kann unter ärztlicher Kontrolle vorzeitige Senilität mildern und auch die Intelligenz geistig behinderter Kinder günstig beeinflussen. Im klinischen Versuch konnte die Heilung von Wunden gefördert und selbst

Impotenz gelindert werden. Eine Behandlung mit höheren Dosierungen sollte immer unter der Aufsicht eines Arztes erfolgen.

Obgleich Glutaminsäure keinesfalls mit Natriumglutamat verwechselt werden darf, das als Würzmittel in zahlreichen Speisen und Nahrungsmitteln Verwendung findet, müssen bei bestimmten Empfindlichkeiten auch allergische Reaktionen auf Glutamin und Glutaminsäure in Betracht gezogen werden.

Asparaginsäure: Die aufbaufähige Aminosäure kann ebenfalls als wirksamer Entgifter der schädlichen Ammoniakansammlungen betrachtet werden. Sie unterstützt deren Entfernung aus dem Blutkreislauf und beschützt in dieser Weise das zentrale Nervensystem. Neue Forschungsergebnisse zeigten auf, daß die Asparaginsäure einen Schutzfaktor gegen vorzeitige Erschöpfung anbietet. Wenn Leistungssportler mit Salzen der Aminosäure ausreichend versorgt werden, sind Ausdauer und Leistungsvermögen deutlich zu verbessern.

Tyrosin: Die nicht essentielle Aminosäure regt die Hirntätigkeit an und kontrolliert wichtige Nervenfunktionen. Damit die essentielle Aminosäure Phenylalanin wirksam werden kann, um appetitzügelnd und stimmungsverbessernd Einfluß zu nehmen, muß sie in Tyrosin umgebaut werden. Findet diese Veränderung nicht ordnungsgemäß statt, etwa weil zu wenig Phenylalanin zur Verfügung steht oder bestimmte Enzymreaktionen ausfallen, ist die Bildung von Norepinephrin in den Gehirnzellen mangelhaft, und als unmittelbare Folgen zeigen sich Mißstimmungen und Depressionen. Unter klinischer Kontrolle konnten mit Tyrosin übersteigerte Angstzustände und Depressionen gemildert werden, wenn andere Behandlungsmöglichkeiten versagten. Außerdem bewirkt Tyrosin, unter ärztlicher Kontrolle verabreicht, daß Amphetamine (stimmungssteigernde, appetitzügelnde Präparate) auch nach längerem Gebrauch und Gewöhnungseffekten kaum oder überhaupt nicht mehr benötigt werden. Die wichtigste Eigenschaft des Tyrosins ist, daß es gesteigerter Reizbarkeit und Erschöpfungszuständen vorbeugt.

Dieser Überblick zeigt die breitgefächerten Zusammenhänge und Wirkungsmechanismen der Aminosäuren im menschlichen Körper auf. Bei jedem von uns, dem Attraktivität, Vitalität und Lebensfreude sowie die Stabilisierung der Abwehrfähigkeit des Körpers am Herzen liegen, sollte daher eine bislang eiweißarme Ernährung durch eine qualitativ vollwertige, eiweißreiche Kost ersetzt werden. Vielfach wird aus Sorglosigkeit und Unwissenheit minderwertiges Protein verzehrt. Ein Überangebot an Protein ist sinnlos und außerdem sehr teuer. Eine angemessene Menge in ausgewogener Zusammensetzung kann dem wundersamen Bauplan des Körpers die elementaren Bausteine für Jugendlichkeit, Gesundheit und geistige Frische bis ins hohe Alter anbieten.

Ein weit verbreiteter Irrtum ist übrigens, daß Proteine in Haarpflegeprodukten oder sogar in Geschirrspülmitteln sozusagen von außen diese lebenswichtigen Bausteine in Fingernägel und Haar einschleusen können. Schönheit und Gesundheit kommen aber immer von innen. Die dafür erforderlichen Voraussetzungen müssen den Umweg über das Nahrungsangebot machen, um vom Transportorgan Blut zu jeder Zelle befördert zu werden. Der Organismus altert in Zeiten unvollständiger Ernährung und überreicht die Quittung des Fehlverhaltens mit peinlicher Genauigkeit. Er vergißt die Vernachlässigung nicht und ist – gerade was die Eiweißbausteine betrifft – ganz besonders empfindlich. Bei unzulänglicher Versorgung werden Blutproteine, Hormone, Enzyme und Antikörper nicht in der erforderlichen Menge produziert, und es kommt zu Störanfälligkeiten, die zunächst unbeachtet bleiben. Nach und nach erschlafft die Muskulatur, die Haltung wirkt gebeugt, die Haut bildet Runzeln und Falten, das Bindegewebe hortet Stoffwechselmüll und Flüssigkeit, und der Alterungsprozeß schreitet unaufhaltsam voran.

Ein wichtiger Tip zum Jungsein und -bleiben: Nehmen Sie jeden Tag Lebensbausteine aus guten Proteinquellen zu sich! Nicht Eiweißmast, sondern ein vernünftiges Proteinangebot sollte die Devise sein. Je früher Sie damit anfangen, um so müheloser sind Alterungsprozesse hinauszuzögern, und Sie erhalten sich viele Jahre Leistungsfähigkeit, Gesundheit und gutes Aussehen.

6. Kapitel
Sauerstoff – Treibstoff aller Lebensvorgänge

Die wichtigste Energiequelle vom ersten Schrei bis zu letzten Atemzug des Menschen ist der Sauerstoff.

- *Der Organismus kann bis zu dreißig Tagen ohne feste Nahrung, bis zu drei Tagen ohne Flüssigkeit, aber höchstens drei Minuten ohne Sauerstoff auskommen.*

Der im ganzen Körper verfügbare Sauerstoff des Erwachsenen von etwa 1,5 Liter reicht bei fünfzigprozentiger Verwertbarkeit und einem Bedarf von ca. 250 ml/Minute nur für den Zeitraum von drei Minuten. Erfolgt kein unverzüglicher Nachschub, treten die ersten tiefgreifenden Störungen in den sauerstoffhungrigen Gehirnzellen ein.

Alle Lebensfunktionen des Körpers sind an den ständigen Verbrauch von Sauerstoff gebunden. Der allgegenwärtige Sauerstoff ist unerläßlich für die chemische Umsetzung von Nährstoffen in Energie. Ein gesunder junger Organismus verfügt normalerweise über den Lebensurquell Sauerstoff in ausreichender Menge. Durch die Lust an körperlicher Bewegung, sportlicher Betätigung und das Spielen im Freien befindet sich der Sauerstoffdruck in den Blutgefäßen (Sauerstoff-Partialdruck) auf idealem Niveau. Dieser Druck wird in einer ganz bestimmten Maßeinheit, dem Torr, festgesetzt. Der gesunde Jugendliche und junge Erwachsene verfügt über ideale Werte zwischen 90 und 100 Torr. Mit fortschreitendem Alter nimmt dieser Wert stetig ab. Zur Mitte des Lebens liegt er im allgemeinen bei 70 Torr, um später immer tiefer abzusinken. Der weltweit anerkannte Sauerstoffexperte Prof. Manfred von Ardenne (Dresden) sagt:

■ *»Es gibt kaum eine deutlichere Meßgröße für das Älterwerden als die Torr-Zahlen.«*

Der Nobelpreisträger für Medizin des Jahres 1931, Otto Warburg, bezeichnete den Sauerstoff bereits als »Spender allen Lebens«. Durch die wissenschaftlichen Arbeiten von Manfred von Ardenne haben diese Worte zweifellos an Aussage und Gewicht gewonnen. Der Dresdener Wissenschaftler fordert darum unermüdlich und mit Nachdruck: »Das exakte Messen des arteriellen und venösen Sauerstoffdrucks muß heute genauso zu jedem Check-up gehören wie das EKG oder die Kontrolle des Blutdrucks.«

Weshalb sind die Werte in Venen und Arterien von Bedeutung und für den Arzt von entscheidender Aussagefähigkeit? Die jeweilige Differenz zwischen dem venösen und arteriellen Sauerstoffdruck macht sichtbar, wie der Organismus den aufgenommenen Luftsauerstoff verwertet und ausnutzt. Der jeweilige Sauerstoffdruck beeinflußt die biologische Altersuhr in unseren Blutgefäßen. Aber auch Negativstreß, Aufregung und Ärger, körperliche Überbelastung und seelische Not sowie Lärm, Krankheiten und eine Fülle von Umwelteinflüssen lassen den Sauerstoffdruck auf ein gefährliches Niveau absinken. Von dieser Situation bleibt keine Altersgruppe verschont. Immer bedeuten niedrige Torr-Werte erhöhte Alarmstufe für die notwendige Sauerstoffversorgung des empfindsamen Gehirns und des Herzens. Ein geminderter Sauerstoffstatus zeichnet verantwortlich für eine Vielfalt von Mißempfindungen und Erkrankungen wie Durchblutungsstörungen der Arme und Beine, unerklärbare Müdigkeit und Leistungsabfall, Konzentrations- und Gedächtnismängel, Hörsturz, Herz- und Gehirnschlag und die allgemeine Minderung der körpereigenen Anpassungsfähigkeit sowie der Abwehrkräfte. Liegen beim älteren Menschen die Sauerstoffdruckwerte bereits sehr niedrig, können Gemütsbewegungen, Infektionserkrankungen oder ein Unfall den Sauerstoffstatus in ein bedenkliches Minus steuern. Eine rechtzeitige

Sauerstoffanreicherung des Blutes kann in derartigen Fällen sogar lebensrettend sein.

Unsere Arbeitswelt und allgemeine Lebensweise, die Schadstoffüberlastung der Atemluft und Bewegungsmangel machen uns zunehmend »sauerstoffarm«. Wir bewegen uns sehr sparsam, rauchen am Schreibtisch, und außerdem sind wir zu extrem faulen Atmern geworden. Da bleibt dann höchstens am Wochenende etwas Zeit zum Sauerstofftanken. Die Sünden einer ganzen Woche sind aber mit einem gemütlichen Sonntagsspaziergang nur schwerlich wieder zu tilgen.

Erhält der Körper zu wenig Sauerstoff, schwillt das zarte Endothel – die Innenauskleidung der feinen Blutgefäße – an. Die lichte Weite unserer feinsten, buchstäblich haardünnen Kapillaren verengt sich, und das Allround-Organ Blut kann nur unter Mühen Sauerstoff und Nährsubstanzen zu den Zellen transportieren. Das Gehirn und das Herz reagieren äußerst sensibel, aber auch alle anderen Gewebe, Organe und Zelleinheiten leiden. Erhält der Körper wieder genügend Sauerstoff, schwillt die »Innentapete« der feinen Haargefäße ab und die Blut-Mikrozirkulation unterliegt auf Grund körpereigener Selbstregulation deutlich verbesserten Bedingungen. Die gefährdeten Zonen werden wieder normal versorgt und der Zellmüll ordnungsgemäß abtransportiert.

Mehr Sauerstoff bedeutet mehr Vitalität, Schwung und Jugendlichkeit! Die innere Atmung wird belebt, die Sauerstoffsättigung des Blutes verbessert, und alle Stoffwechselabläufe werden angekurbelt. Wer seinen Sauerstoffstatus und Energiezustand, die Widerstandsreserven und auch das Aussehen verbessern möchte, wer die biologische Altersuhr zu einer langsameren Gangart bewegen möchte, braucht viel frische, sauerstoffreiche Luft. Die beste Möglichkeit dazu bietet sportliche Betätigung. Allerdings sollte sie den individuellen Gegebenheiten und Bedürfnissen angepaßt sein, zur Entspannung beitragen und vor allen Dingen Spaß machen! Jeder Sport kann – wird er falsch betrieben – Gefahren mit sich bringen und das Gegenteil dessen bewirken, was er eigentlich bezwecken sollte. Wenn aus Spaß und Spiel falscher Ehrgeiz, selbstauferlegter Leistungsdruck und eine negative Streßbelastung erwachsen, führt in manchen Fällen die sportliche Betätigung direkt in die Krankheit und sogar in den Tod. Dieser trifft dann die Unbelehrbaren, die beispielsweise den wöchentlichen Zigarettenkonsum, das unvernünftige Ernährungs- und Trinkverhalten und die körperliche Inaktivität einer streßreichen Woche durch »... Gewaltsportarten und maßloses Jogging am Wochenende kompensieren wollen« (Prof. Dr. H. J. Sewering).

Besorgte Mediziner, Gesundheitspolitiker und Versicherungsträger prangern den Bewegungsmangel in unserer Wohlstandsgesellschaft, aber auch unvernünftiges sportliches Training zu Recht an. Dagegen kann die Bundesrepublik Deutschland nach dem Motto »Sport für alle« – zumindest auf dem Papier – mit statistischen Daten glänzen. Etwa 20 Millionen Bürger sind hierzulande zahlende eingetragene Mitglieder in ca. 60 000 Sportvereinen. Rund 2 Millionen Menschen trainieren in Fitneß-Studios und Sportschulen, und Ungezählte gehen an Wochenenden einem sportlichen Hobby nach. Die Kehrseite der Medaille aber ist: Nach Erhebungen des Deutschen Sportbundes sind im Jahre 1982 rund 250 Menschen im Zusammenhang mit einer aktiven leichtathletischen Betätigung ums Leben gekommen. Es kann gar nicht genug davor gewarnt werden, sportliche Leistungen quasi aus dem Stand und weil sie eben »in« sind dem ungeübten Körper abzuverlangen. Sprechen Sie in jedem Fall mit Ihrem Arzt, welche sportliche Betätigung er für Sie in Betracht zieht. Lassen Sie zuvor das Herz-Kreislauf-System gründlich untersuchen, ehe Sie sich auf den Trimmpfad begeben oder ein anderes Training wählen, um Ihren Körper mit Sauerstoff zu versorgen und gleichzeitig die eingerosteten Gliedmaße in Schwung zu bringen.

Prof. Wilfried Kindermann von der Abteilung Sport- und Leistungsmedizin der Universität Saarbrücken bestätigt, daß nicht jede Sportart die gewünschte günstige Wirkung auf die Gesundheit ausübt. Er empfiehlt, ähnlich wie viele Ärzte, dauerorientierte Belastungen, möglichst dreimal in der Woche, die etwa 50 Prozent der maximalen Leistungsfähigkeit erbringen und durchschnittlich 40–50 Minuten andauern sollten. Zu den bevorzugten Sportarten zählen zügiges Laufen und Jogging, Ballspiele aller Art, Skilanglauf, Schwimmen, Radfahren, Rudern und Tennis. Als Faustregel gilt: Die Pulsfrequenz sollte bei sportlicher Betätigung nicht 180 Schläge pro Minute minus Lebensalter überschreiten. Während des Trainings sollte man sich gerade noch unterhalten können, ohne außer Atem zu geraten. Im Rahmen eines dauerorientierten Trainings können zum Beispiel dreimal wöchentlich 3–4 Kilometer rasch gelaufen werden. Zügiges Spazierengehen in sauerstoffreicher Luft ist ebenso sinnvoll. Schon diese regelmäßige Betätigung ist nach Ansicht von Sportmedizinern dazu angetan, den Körper mit Sauerstoff zu versorgen, die Herzleistung zu verbessern, Risikofaktoren der Herz-Kreislauf-Tätigkeit wie Fettstoffwechselstörungen zu vermindern, Herzrhythmusstörungen vorzubeugen und die Gefahr von Thrombosen zu senken. Das regelmäßige sportliche Training verbessert die allgemeine psychische und physische Belastbarkeit und Anpassungsfähigkeit des Organismus.

Die körperliche Bewegung und das damit verbundene regelmäßige Sauerstofftanken bieten nach US-Studien, die bereits seit zehn Jahren vorliegen, auch einen erstaunlich antidepressiven Effekt. Die Stimmung wird deutlich aufgehellt, Erregung und Spannung gedämpft, gelöst und Ansätze von Depressionen verscheucht. Diese positiven Wirkungen gehen mit Sicherheit auf die bessere Durchblutung und Sauerstoffversorgung des Gehirns zurück. Sie sind aber unbedingt von der Dauer und der Regelmäßigkeit des körperlichen Trainings abhängig. Es besteht bereits seit geraumer Zeit die Vermutung, daß bestimmte körpereigene Hormone bei der sportlichen Bewegung in den Blutkreislauf gelangen, die vom

Lustzentrum des Gehirns ausgeschüttet und als äußerst wohltuend und entspannend empfunden werden. So kann man einfach sagen: Regelmäßiges zügiges Laufen in sauerstoffreicher Luft wirkt gegen den Frust! Ein Forschungsprojekt des Fachbereichs Erziehungswissenschaft der Gesamthochschule Paderborn ging dieser Behauptung nach. Prof. Alexander Weber entwickelte mit sechzig Frauen im Alter zwischen 20 und 60 Jahren für den Zeitraum von drei Monaten ein Lauf- und Joggingprogramm. Die größtenteils unsportlichen Frauen absolvierten ein insgesamt 72 Stunden umfassendes Trainingsprogramm und fühlten sich hernach »seelisch aufgemöbelt«. Da gutes Aussehen weitgehend von innen durch die Sauerstoffzufuhr kommt und die Haut rosig durchblutet wird, zeigten sich die Beteiligten nach ihrer neu gewonnenen Stimmungslage befragt »äußerst zufrieden«.

Allen Anhängern des Jogging empfiehlt Prof. H. Liesen (Deutsche Sporthochschule in Köln) einen Atemrhythmus von je vier Schritten zum Ein- und Ausatmen. Dabei bleiben nach Aussage des Experten die Milchsäurewerte (sie entstehen bei Beanspruchung der Muskulatur) in medizinisch sinnvollen Grenzen. Wer gezwungen ist, rascher zu atmen, läuft schlecht und zu schnell und riskiert damit gesundheitliche Beeinträchtigungen. Der ehemalige Weitspringer Prof. M. Steinbach, heute Ministerialdirektor im Bundesgesundheitsministerium Bonn, betont die engen Zusammenhänge zwischen regelmäßiger sportlicher Betätigung und Herz-Kreislauf-Gesundheit sowie bei der Vorbeugung rheumatischer Erkrankungen. Laut Prof. Steinbach schützen »arbeitsnahe Ausdauerübungen mit hohem Kalorienumsatz« das Herz und das Gefäßsystem. Dagegen kann seiner Meinung nach »Mutters Gymnastikstunde« wenig bewirken. Der Gesundheitspolitiker regt an, den Millionen leicht rheumakranken Bundesbürgern klarzumachen, daß eine leistungsfähige Muskulatur der beste Schutz für die Gelenke sei.

Wenn Sie, liebe Leserinnen und Leser, ihren persönlichen Sauerstoffstatus erfahren möchten, bitten Sie Ihren Arzt um eine Messung. Das geschieht mit eigens für diesen Zweck entwickelten Geräten, deren Meßfühler an ganz bestimmten Stellen der Haut angelegt werden. Noch sicherer ist die Methode der Blutgasbestimmung aus einigen Tropfen entnommenen Blutes. Ergeben sich niedrige Werte, raten heutzutage zahlreiche Ganzheitsmediziner zu einer Sauerstoff-Mehrschritt-Therapie. Sie wird nach Prof. M. v. Ardenne folgendermaßen angewandt:

Erster Schritt: Vor dem Inhalieren des Sauerstoffs wird ein Getränk aus Vitamin $B_3$1 und Vitamin C sowie dem Mineralstoff Magnesium angeboten. Dieser Cocktail erweitert das Gefäßsystem und begünstigt die Ausnutzung des eingeatmeten Sauerstoffs.

Zweiter Schritt: Mit Hilfe einer Atemmaske nimmt der Patient reinen Sauerstoff in Verbindung mit ganz normaler Atemluft aus der Umgebung auf. Die Sitzung dauert im allgemeinen zwei Stunden, und dabei wird – je nach Verordnung des Arztes – der Sauerstofffluß auf etwa vier Liter pro Minute eingestellt. Im Verlauf von zwei Stunden atmet der Sauerstoffhungrige 500 Liter ein. Während einer Therapie von drei Wochen sind das 7500 Liter hochwirksamer Brennstoff für den gesamten Körper. Diese Dosierung gilt als Durchschnittswert, sie kann je nach dem Befinden des Patienten erhöht, aber auch ermäßigt werden. Das Inhalieren ist ausgesprochen wohltuend. Die einzige Beschäftigung besteht darin, tief und bewußt zu atmen, wobei das Sprechen unzweckmäßig ist. Der durch die Nase aufgenommene Sauerstoff könnte sogleich durch den Mund entweichen. Wer mag, kann während der Sitzung lesen, handarbeiten, Musik genießen, fernsehen oder einfach nur entspannen und die Gedanken auf gute Wege schicken.

Dritter Schritt: Nach der Sauerstoffdusche soll sich der Patient kräftig bewegen. Das angereicherte Blut wird auf diese

Weise bis in alle entferntesten Zellen und Gewebe gepumpt. Je nach Lust und Befinden bieten sich ein Spaziergang oder eine Fahrradtour von einigen Kilometern an, auch ein Heimtrainer, falls vorhanden, tut seine guten Dienste. Ein Gehbehinderter kann am geöffneten Fenster Atemübungen machen, um den im Blut angereicherten Sauerstoff gezielter zu verteilen.

Neuerdings lassen sich Gestreßte und von Terminen Gehetzte auch einer Schnellregeneration unterziehen, die nur wenige Tage in Anspruch nimmt. In vielen Großstädten bieten seriöse Institute unter ärztlicher Leitung derartige Sauerstofftankstellen an. Zuerst wird der bereits erwähnte Cocktail getrunken, der die Blutgefäße weitstellt. Dann erfolgt ein effektives, etwa fünfzehn Minuten andauerndes Bewegungsprogramm im Verbund mit der Aufnahme von medizinisch reinem Sauerstoff über eine Atemmaske. Der Patient trabt dabei über ein Laufband oder springt auf dem Trampolin. Selbst Erschöpfte und Gestreßte absolvieren mit erstaunlicher Leichtigkeit unter dem Einfluß des reinen Sauerstoffs ihr Trainingsprogramm.

Für den kranken und geschwächten Menschen eignet sich die mehrwöchige, langsam aufbauende Sauerstofftherapie weitaus besser. Der Sauerstoffdruck wird mehrmals gemessen, damit die Dosierung optimal angepaßt werden kann.

Die weitaus größere Zahl bundesdeutscher Ärzte steht der Sauerstoff-Mehrschritt-Therapie nach Prof. v. Ardenne noch sehr skeptisch gegenüber. Die Diskussion um den gesundheitlichen Nutzen verläuft durchaus kontrovers, und immer wieder werden Zweifel angemeldet, ob überhaupt die Sauerstoffsättigung des Blutes und der Sauerstoffdruck im Gefäßsystem über einen längeren Zeitraum hinweg aufrechtzuerhalten sind. Trotz allem wurden die Streitigkeiten von den überzeugenden Behandlungsergebnissen in den Schatten gestellt. Ärzte, Patienten und Angehörige berichten von einem erstaunlichen Zugewinn an Lebensfreude, Vitalität und Wohlbefinden, ebenso von der Kräftigung des Immunsystems. Die

Umschaltung der Blutzirkulation von zuvor mäßig auf gut wird von Ärzten, die der Ganzheitsmedizin nahestehen, hervorgehoben. Prof. v. Ardenne, der Nestor der Sauerstoff-Mehrschritt-Therapie schreibt: »Unsere schlimmsten Feinde im Alter sind die zunehmende Anfälligkeit für Krankheiten und die größere Gefährlichkeit der Krankheiten. Beide Übel sind vor allem auf die Verschlechterung unserer Sauerstoffsituation und damit auch unserer Abwehrlage zurückzuführen. Ständiges Messen der Sauerstoffwerte und – bei schlechten Ergebnissen – ein immer wieder neues Auftanken mit Sauerstoff kann diese Gefahren extrem verringern.« Der achtzigjährige Professor ist im übrigen das allerbeste Beispiel für sein eigenes Lebenswerk. Er wirkt jugendlich-elastisch, referiert auf internationalen Kongressen mit Elan und Überzeugungskraft, seine geistige Frische ruft Erstaunen hervor, und seine körperliche Belastbarkeit erlaubt ihm bis zum heutigen Tage, ein umfangreiches Arbeitspensum zu bewältigen.

Der Brennstoff aller Lebensvorgänge verscheucht vorzeitige Abnutzungserscheinungen, schenkt geistige Frische, Energie und insbesondere ein verbessertes Konzentrationsvermögen. Das Empfinden der Brustenge, wie es sich im Vorfeld einer Angina pectoris abzeichnet, verschwindet. Die Gehstrecke für Menschen mit Durchblutungsstörungen, Raucherbein oder Schaufensterkrankheit wird deutlich verlängert.

Niemand sollte glauben, daß derartige Einbußen nur die älteren Jahrgänge trifft. Die Gefahr eines Herzinfarkts oder Gehirnschlages ist nach neuen Forschungsergebnissen in den Industrienationen auch bei den jüngeren Jahrgängen durchaus gegeben. Eine optimale Sauerstoffsättigung des Blutes mindert das Risiko gestreßter Menschen erheblich, unbemerkt in die Herz-Kreislauf-Gefahrenzone hineinzurutschen.

Vor jedem operativen Eingriff sollte nach Möglichkeit zusätzlicher Sauerstoff gegeben werden, um das bekannte Streßrisiko zu mindern. Die Erholungszeit wird bedeutend verkürzt, wenn dem angegriffenen Organismus genügend energiespendender Sauerstoff zur Verfügung steht.

Der im Jahre 1986 verstorbene Arzt und Krebsforscher Prof. Ernst Krokowski aus Kassel forderte unermüdlich, Patienten vor Operationen und während der Bestrahlung und Chemotherapie zusätzlich Sauerstoff zu geben, um der belastenden Behandlung eine Verbesserung der körpereigenen Abwehrkräfte entgegenzusetzen bzw. diese rasch wieder aufzubauen.

Wir gehen mit unserem Körper sorglos um und schieben wichtige Maßnahmen der persönlichen Gesundheitsvorsorge allzu leicht vor uns her, so lange es uns gut geht. In welcher Weise die Nachlässigkeit um sich greift und wie kurzsichtig wir mit dem elementaren Energiespender Sauerstoff verfahren, faßt Prof. v. Ardenne folgendermaßen zusammen: »Bei unserem Auto nehmen wir es genau. Seine Energielage, also sein Energieverbrauch und seine Kraftreserve im Tank, erscheint uns geradezu lebenswichtig. Wenn wir über die jeweilige Energiesituation unseres Körpers so besorgt wären wie über die unseres Autos, kämen wir auch in unserem Leben eine große Strecke weiter.«

Wer die vitalen Jahre des Lebens verlängern, gesund an Leib und Seele mit jugendlicher Energie und Schaffenskraft sowie frischem Aussehen ein höheres Alter erreichen möchte, benötigt eine gute Sauerstoffversorgung. Sportliche Betätigung in frischer Luft, individuell angepaßte Bewegung oder auch »Sauerstofftankstellen« in Gesundheitszentren unserer Städte stehen zur Verfügung. Es geht darum, nicht sorglos abzuwarten, bis der Körper den Sauerstoffnotstand signalisiert. Der volkstümliche Arzt und Schriftsteller Christoph Wilhelm Hufeland (1762–1832) mahnte bereits zu seiner Zeit, daß jene Menschen am ältesten wurden, die sich täglich in frischer Luft aufhielten, weil der gute energetische Zustand die Widerstandsreserven des Körpers mobilisiert.

Die Abwehrkraft oder auch ihr Nachlassen, die Immunschwäche, wurde zur Schlagzeile, und jedermann weiß heute um die Gefahren, die ein geschwächtes körpereigenes Abwehrsystem mit sich bringen kann. Jedoch nicht allein AIDS, sondern nahezu alle Zivilisationsleiden, mit denen wir uns heute herumschlagen müssen, sind letztlich auf Verluste der körpereigenen Immunabwehr zurückzuführen.

Die biologische Balance in allen Zellen, Geweben und Organen ist die Voraussetzung für ein Leben frei von Krankheiten und seelischen Mißempfindungen. Zu den wichtigsten Grundlagen gehört der Brennstoff allen Lebens. Nutzen wir darum den Sauerstoff als die entscheidende Energiequelle aller Lebensvorgänge.

7. Kapitel
»Rostschutz« – für jede Körperzelle lebenswichtig

Der weitaus größte Teil aller berühmten Experimente zur Verlängerung der gesunden Jahre des Lebens von Labortieren wurde mit sogenannten Antioxidantien durchgeführt. Heute sind diese »Langlebigkeitssubstanzen« für jeden erhältlich und vor allem preisgünstig zu erwerben. Wer sich mit einer vollwertigen Kost versorgt, frühzeitig auf den Verzehr natürlicher und unverfälschter Nahrungsmittel achtet, kann eine gewisse Menge dieser Antioxidantien auf einfache Weise zu sich nehmen. Sie bieten die biologische, ordnende Grundlage der Zellerneuerung und der Erhaltung ihrer Reparaturfähigkeit sowie ihrer natürlichen Abwehrmechanismen.

Was sind Antioxidantien? Wie beeinflussen sie den Lebens- und Bauplan der Zelle? Die lebensverlängernden Substanzen greifen in chemische Abläufe des Körpers ein, die ihm sonst großen Schaden zufügen, indem sie zerstörerische Reaktionen abschwächen, ausgleichen und sogar verhindern. Auf einen verständlichen Nenner gebracht, bedeutet der Begriff Antioxidans: Puffer oder Schutz gegen den ständigen Ansturm aggressiver Feinde aus der Umwelt, die den Alterungsprozeß beschleunigen. Am einleuchtenden Beispiel aus dem Küchenalltag ist der Vorgang einer Oxidation ganz einfach zu erklären. Werden Butter oder Margarine ungeschützt dem Einfluß von Luftsauerstoff ausgesetzt, reagieren die Fette mehr oder minder rasch mit einem typisch scharfen Geruch und Geschmack. Sie sind schlicht gesagt ranzig und ungenießbar. Fette und Öle verderben, sobald sie eine Verbindung mit atmosphärischem Sauerstoff eingehen. Das Resultat wird *Lipidperoxidation* genannt. Zu den Lipiden gehören Fette und Öle, die wir täglich mit unserer Nahrung aufnehmen. Sie befinden sich deshalb auch in allen unseren Körpergeweben; an bestimmte Eiweißsubstanzen gebunden, kreisen sie mit dem Blutstrom und sind Bestandteil jeder zarten Zellwand als äußere Begrenzung und innere Abtrennung von winzigen Zellbestandteilen.

Fettsubstanzen werden ständig und überall im Körper benötigt, und der Brennstoff aller Lebensvorgänge ist der Sauerstoff. Fazit: Fette, fettähnliche Substanzen und Sauerstoff treffen unweigerlich und ständig aufeinander. Üblicherweise empfinden wir Fette und Öle erst dann als verdorben oder ranzig, wenn sich der typische scharfe Geruch und Geschmack erkennen lassen. Aber bereits im frischen Zustand – wenn wir ihn überhaupt noch nicht wahrnehmen – setzt der Prozeß des Verderbs ein, und er schreitet durch den Verzehr des Fetts fort.

Gespeichertes Fett in Organen und Geweben und im Blut zirkulierende Lipide verbinden sich fortwährend mit Sauerstoff und bilden laufend Lipidperoxidationen, sogenannte freie Radikale. Der Vorgang kann durchaus als fortschreitendes »Ranzigwerden« des Körpers bezeichnet werden. Als Hauptursache für das Entstehen freier Radikale ist die Fettoxidation unter Sauerstoffeinwirkung anzusehen, die sich für uns unmerklich an allen Ecken und Enden unseres Organismus vollzieht. Freie Radikale sind teilweise ganz normale Stoffwechselprodukte, die, in biologische Reaktionen des Körpers einbezogen, ihre biochemisch vorbestimmte Rolle spielen und von Steuerungsstoffen kontrolliert, entschärft und ausgeschieden werden.

Befindet sich der Organismus in seiner Balance, verlaufen die beschriebenen Reaktionen ruhig und harmlos, und der Prozeß des »Verderbens« und der Alterung nimmt keine bösartigen Formen an. Werden dagegen ohne Abwehrmechanismen ungleichgewichtig viele freie Radikale gebildet, vernetzen und verstricken sich beispielsweise körpereigene Eiweißsubstanzen. Gewebe und Haut büßen ihre Elastizität ein, feine Blutgefäße verhärten sich und neigen zu Ablagerungen. Das lebenswichtige Erneuerungsvermögen der Zelle, erbgetreue neue Zellgenerationen zu bilden, nimmt ab, die genetische Information wird zunehmend verfälscht, und die Anfälligkeit für Erkrankungen steigt.

Dies sind nur einige wenige Auslöser für vorgezogene und in den meisten Fällen vermeidbare Alterungsprozesse.

Um Margarine vor dem raschen Ranzigwerden zu bewahren, wird ihr vielfach ein Antioxidans in Form einer bestimmten Menge von Vitamin E zugesetzt. Es agiert als wirksamer Fänger oder Inaktivator zerstörerischer freier Radikale, schützt vor dem Verderb und trägt deshalb die Bezeichnung fettlösliches Antioxidans. Unter seiner Obhut verlangsamt sich der Prozeß der Qualitätsminderung, und das Nahrungsmittel bleibt länger frisch.

Mühelos kann dieser Wirkungsmechanismus auf das sensible Innenleben des menschlichen Körpers übertragen werden. Fette aller Art bestehen – chemisch betrachtet – vergleichsweise aus Ketten. Manche sind lang und kompliziert, andere eher einfach und kurz. Die lebenswichtigen ungesättigten Fettsäuren pflanzlicher Herkunft weisen offene Kettenglieder auf, in die sich bestimmte Substanzen einhängen können, um quasi im Huckepacksystem zu den Zellen zu gelangen. Klinkt sich z. B. Sauerstoff ein, verändert sich ohne die Gegenwart der antioxidativen Substanz Vitamin E das Fett. Es neigt – analog der Beobachtung aus dem Küchenalltag – dazu, ranzig zu werden. Ohne das Zutun eines oder mehrerer aktiver Gegenspieler entwickeln sich freie Radikale, die sofort damit beginnen können, ihr Unwesen zu treiben. Warum geschieht das? Ein freies Radikal besteht aus einem Molekülteil, das im Verlauf einer chemischen Reaktion – z. B. dem Zusammentreffen von Fett und Sauerstoff – abgetrennt worden ist, sich also verselbständigte. Da es eines oder mehrere unpaarige Elektrone in sich trägt, versucht es ganz begierig und hochaktiv, sich mit anderen Molekülen zu verbinden.

■ *Freie Radikale gehen im Organismus ständig auf »Freiersfüßen« und sind dabei im allgemeinen bei der Auswahl ihrer Partner nicht sehr wählerisch.*

Die »Hochzeit« gelingt mit bestimmten Molekülen allerdings rascher und unkomplizierter. Verbinden sie sich, was gern geschieht, mit den Molekülen faseriger Eiweißsubstanzen, vernetzen sich die Proteine untereinander, wobei sie sich fest aneinanderheften. Im Verlauf dieses Vernetzungsprozesses entsteht eine große Anzahl biochemischer »Handschellen«, und die Eiweißsubstanzen werden zunehmend unfähig, ihre natürlichen Aufgaben zu erfüllen. So können sie z. B. nicht mehr problemlos aneinander vorbeigleiten. Das Kollagen und das Elastin des Unterhautbindegewebes wird zunehmend unelastisch, und im weiteren Verlauf zeigt die Haut Falten und Runzeln. Das Kollagen (etwa ein Viertel des gesamten Körperproteins) wird nicht umsonst als Mörtel der Zellen angesehen. Jede Zelle ruht in einem Bett aus Kollagen und erhält dadurch Halt und Struktur. Weiterhin müssen alle Nahrungssubstanzen, der Sauerstoff und das Wasser durch das Kollagen dringen, um die Zelle zu erreichen, und Stoffwechselendprodukte sind ebenso gezwungen, das Kollagen zu passieren, um zur Ausscheidung zu gelangen.

Es kann also nur in unserem Interesse liegen, die Bildung freier Radikale einzuschränken, um fortwährende Kettenreaktionen aggressiver Molekülteilchen nach Möglichkeit zu unterbinden und dem Alterungsprozeß Einhalt zu gebieten. Dazu sind einige Maßnahmen von entscheidender Bedeutung:

Achten Sie peinlich genau auf den Verzehr frischer Nahrungsmittel, denn während des Transportes und bei unsachgemäßer Lagerung können Peroxidationen entstehen. Zum Nahrungsangebot sollten unbedingt Substanzen in ausreichender Menge zur Verfügung stehen, die als Antioxidantien ihre hilfreiche Wirkung entfalten. Dazu gehören Vitamine A, C und E, das Spurenelement Selen, die Aminosäuren Cystin und Methionin und die zum Vitamin-C-Komplex gehörenden Bio-Flavonoide. Nicht allein durch Peroxidation, das Zusammentreffen von Fetten und Sauerstoff, werden aggressive Molekülteile im Organismus gebildet, sie werden mit Nahrungsmitteln aufgenommen, die nicht mehr einwandfrei frisch sind. Eine Fülle von Substanzen aus unserer unmittelbaren Umgebung besitzt die Eigenschaft, sich im Körper in zerstörerische Molekülfragmente zu verwandeln und den Zellen Schaden zuzufügen. Zu diesen zählen Nikotin, polivalente Metalle wie Blei und Kadmium, das Natriumnitrit aus der Konservierung von Fleisch- und Wurstwaren, Aldehyde und Substanzen, die der Luft entstammen wie Stickoxide und Schwefeldioxid. Weiterhin zählen zu diesen radikal-bildenden Substanzen Rückstände aus der Überdüngung der Ackerböden, die sich als Nitrat in Lebensmitteln und im Trinkwasser befinden. Jede Strahlung durch Kernreaktionen und radioaktiven Ausfall, natürliche kosmische oder Röntgenstrahlung kann zur Bildung aggressiver freier Radikale führen und birgt die Gefahr in sich, die genetisch vorgegebene Ordnung im Zellhaushalt zu stören. Ozon, Smog, Rückstände von Medikamenten und Drogen sowie toxische Produkte, die durch Krankheiten, Negativstreß und Erschöpfung im Körper entstehen, führen zur Bildung von hochaktiven Molekülfragmenten unterschiedlicher Wirkung.

Wie ist der Schaden freier Radikale außer der bereits beschriebenen Vernetzung von faserigem Protein zu erklären? Die aggressiven Molekülteilchen treffen, wenn sie überhand nehmen, die Urbausteine allen Lebens, die Zellen. Genau hier liegt ihre Gefährlichkeit, aber ebenso auch die Chance der wirksamen Gegensteuerung. Die Zelle als kleinster Baustein des Organismus führt allein oder im Verbund mit andern Zelleinheiten grundlegende Funktionen aus. Sie wird von einer beschützenden Wand (Membran) umgeben, die das mehr oder minder flüssige Zytoplasma umschließt. Dieses beherbergt unterschiedliche Zellbestandteile wie Eiweiß-Fettverbindungen, die sogenannten Lipoproteine. Sie tragen die Bezeichnung Organellen und gehören zu den Kraftwerken der Zelle, den Mitochondrien. Diese stehen in enger Verbindung mit allen Vorgängen der Energieumwandlung und -bereitstellung, die fortlaufend geschehen muß. In diesem Bereich findet die Proteinsynthese, der elementare Eiweißaufbau aus angelieferten Aminosäuren und ebenso die »Hygiene« des innerzellulären Raums durch die Lysosomen statt. Jedes der winzig kleinen Zellbestandteile wird wie die gesamte Zelleinheit von einer Membran umhüllt. Sie ist durch Oxidation bevorzugt gefährdet, indem Zellwände angegriffen und selbst aufgerissen werden können. Der Inhalt der Organellen fließt daraufhin aus und stört den kompliziert aufgebauten Zellhaushalt erheblich. Platzt beispielsweise die Zellwand eines Lysosoms, geraten Zellstoffwechselendprodukte ins Zytoplasma, und die Selbstzerstörung oder -verdauung der Zelle und des umliegenden Gewebes nimmt ihren Anfang. Aus diesem Grunde bezeichnen Alterswissenschaftler die Lysosomen als »Giftbecher für den Selbstmord der Zelle«, und undichte, geschädigte Lysosomen gelten als Schrittmacher des Alterns. Sie zerstören innerhalb der kleinsten Einheiten die notwendige Ordnung.

Im Innern jeder Zelle befindet sich ihr »Gehirn«, der Nukleus oder Kern. Von ihm gehen die Anstöße der Zellerneuerung aus, denn die typischen Erbanlagen sind hier als unverwechselbarer Code gespeichert. Als Überträger der Informationen treten die RNS (Ribonucleinsäuremoleküle) auf den Plan, die sich im Zytoplasma befinden. Sie übergeben den signalisierten Code an Aminosäuren, damit der Eiweißaufbau in erbgetreuer Weise stattfinden kann. Falls nun Fettsubstanzen im Inneren der Zelle und an den Zellwänden durch freie Radikale bzw. Oxidation mit den DNS- und RNS-Molekülen Verbindungen eingehen, unterliegt der genetische Code den bereits beschriebenen Veränderungen und Verfälschungen. Für die Zellneubildung werden fehlerhafte Signale weitergegeben, und der Eiweißaufbau kann zwangsläufig nicht mehr erbgetreu stattfinden. Das körpereigene Abwehrsystem reagiert verwirrt und erkennt nun die fehlerhaft aufgebauten Eiweißbausteine nicht mehr als arteigene Substanzen an. Es reagiert angriffslustig, als handele es sich um körperfremde Eiweißsubstanzen wie etwa Bakterien oder Viren. In diesem Moment beginnt der Körper damit, sich selber zu bekämpfen. Während sich diese Entwicklung ankündigt, fühlen wir uns noch bei bester Gesundheit. Wir spüren nicht, daß sich wichtige Helfershelfer des Stoffwechsels verändern, die als Steuerungssubstanzen aus dem richtigen Eiweiß hätten aufgebaut werden müssen und nun Fehlinformationen unterliegen. Falsche Enzyme steuern, und es kommt zu zahllosen Irrtümern, die weitere Kettenreaktionen auslösen. Biochemisch gestörte Zellen entwickeln sich zu kranken Lebensbausteinen, sie ufern aus und können schließlich sterben. Alterswissenschaftler meinen, daß die beschriebenen Fehlsteuerungen des komplizierten Eiweißaufbaus – hervorgerufen durch DNS- und RNS-Verfälschungen – im Verlauf des Alterungsprozesses eine ganz entscheidende, wenn nicht die wichtigste Rolle spielen. Die Medizin kennt Gegenmittel, die den angegriffenen Reparaturcode der Zelle stabilisieren, die DNS- und RNS-Moleküle beschützen und auch dafür Sorge tragen, daß folgenschwere Irrtümer im Vorfeld ihrer Entwicklung abgewendet und sogar über viele Jahre hinausgezögert werden.

Die Lebenskraft der kleinsten Einheiten unseres Körpers ist von Antioxidantien abhängig, die eine Selbstverbrennung verhindern, indem sie sich selber zum Opfer anbieten. Das heißt, sie springen für Stoffe ein, die von der Verbrennung oder Oxidation ohne ihre Gegenwart zwangsläufig betroffen wären. Antioxidantien neutralisieren u. a. den Sauerstoff, noch bevor er mit Fettsubstanzen Verbindungen eingeht. Aus dieser Reaktion entstehen dann harmlose und recht stabile Stoffwechselprodukte, die der Körper abbauen und ausscheiden kann, noch bevor es zu irgendeinem Schaden kommt.

Ähnlich verhält es sich, wenn es gilt, freie Radikale zu entschärfen. Die meisten Substanzen, deren Wirkung darauf beruht, Verbindungen zwischen Sauerstoff und Fetten zu verhindern, sind gleichzeitig Inaktivatoren, d. h. aktive Gegenspieler freier Radikale. Ihre Wirksamkeit beruht auf einer vergleichbaren Vorgehensweise. Sie streben harmlose Verbindungen mit den aggressiven Molekülteilchen an, noch ehe diese sich lebenswichtigen Zellbestandteilen nähern können, um aus dieser »Ehe« ihr Unwesen zu treiben beginnen.

Der Einfachheit halber bleibt festzuhalten:

- *Stoffe, die Oxidationen an den Zellwänden und in der Zelle zwischen Fettsubstanzen und Sauerstoff verhindern, sind ebenso in der Lage, als aktive Gegenspieler freier Radikale wirksam zu werden und die Zelle vor Verfälschungen und Zerstörung zu beschützen.*

Die weise Natur bietet in Lebensmitteln wirksame Radikalfänger und Verbrennungshemmer an. Es sind die bereits erwähnten Aminosäuren, Vitamine und ihre Ausgangsstoffe sowie das Spurenelement Selen. Im weitesten Sinne bewahren aber alle lebenswichtigen Vitalstoffe die Zellgesundheit. Einige sind daran bevorzugt und manche weniger aktiv beteiligt. Sie wirken jedoch in Gemeinsamkeit, sind voneinander abhängig und beschützen sich untereinander. Aus diesem Grunde ist das ausgewogene Kostangebot, bestehend aus frischen und möglichst naturbelassenen, wertschonend zubereiteten Lebensmitteln, als Bremse vorzeitiger Alterungsprozesse so entscheidend wichtig.

Leider haben sich die meisten von uns von diesen »Startblöcken« einer vorsorgenden Gesundheit weit entfernt. Wir entwickelten uns zu Bequemessern und verzehren das, was uns die Industrie mundgerecht anbietet. Wir sind uns dessen viel zu wenig bewußt, daß diesen Nahrungsmitteln wertvolle Vitalstoffe während der Fertigung und des Haltbarmachens verlorengehen. Andererseits erleben wir einen nie zuvor dagewesenen Ansturm von Schadstoffen aus der Umwelt, deren Auswirkungen überhaupt noch nicht absehbar sind. Spätestens nach der Katastrophe von Tschernobyl wurde uns bewußt, daß radioaktive Strahlung weder zu schmecken noch zu riechen ist und über die Atemluft und Nahrung unbemerkt in den Körper gelangt. Es wurde von Zellschädigungen und -veränderungen, es wird von einem erhöhten Krebsrisiko gesprochen, und die Wissenschaftler meinen damit die vermehrte Entstehung aggressiver Molekülteilchen, die Bildung freier Radikale durch das Eindringen von Radionukliden in unseren Körper. Besonders gefährdet sind die schnell wachsenden Zellen von Ungeborenen und Säuglingen oder auch die Spermien des Mannes.

Viele Politiker hierzulande verharmlosten die Situation wegen der Geringfügigkeit der radioaktiven Strahlung, die – wie es hieß – zu keiner Zeit eine Gesundheitsgefährdung der Bevölkerung darstellte! Ich meine, sie wußten es nicht besser und wiegten sich und andere aus purer Unkenntnis in trügerischer Sicherheit. Ich frage mich, warum z. B. die Experten der Strahlenschutzkommission in Bonn angesichts der Tatsache, daß frisches Gemüse, Obst und Milcherzeugnisse damals wegen ihrer Belastung nicht verzehrt wurden und Konservenkost hoch im Kurs stand, nicht auf Getreideprodukte und Kartoffeln hinwiesen. Wer immer es wissen wollte, wurde zu Recht vor der Einnahme von Jodtabletten gewarnt. Die gute Möglichkeit, aktive Fänger freier Radikale durch die Umstellung der Nahrung oder auch mit Hilfe zusätzlicher, angemessen dosierter Präparate aufzunehmen, wurde nicht beachtet. So unterblieb eine wichtige Chance der Gesundheitsvorsorge. Wissenschaftliche Untersuchungen erbrachten z. B. die Erkenntnis, daß der Verzehr von vitamin- und mineralstoffhaltigen, weitgehend unbelasteten Kartoffeln in Zeiten der oberirdischen Atomversuche die radioaktive Belastung des Körpers niedrig hielten. In einer Fernsehdiskussion zum ersten Jahrestag nach Tschernobyl wurde von den jüngsten Ergebnissen eines US-Kongresses berichtet, der den Vitaminen A, C und E sowie Selen hinsichtlich der Strahlenbelastung von Lebensmitteln eine aktive Fängereigenschaft gegen freie Radikale bestätigte. Weshalb werden derartige positiven Erkenntnisse nicht viel mehr beachtet? Warum gelangen statt dessen eher verwirrende Äußerungen an die Öffentlichkeit? Der Verbraucher erfährt letztendlich mehr über die eventuellen Schädigungen einer Vitaminversorgung als über den Nutzen einer angepaßten Nahrungsergänzung.

In diesem Zusammenhang müssen endlich einige kontroverse Sachverhalte geklärt und Mißverständnisse ausgeräumt werden. Es geht hier schließlich nicht um den Meinungsstreit von Experten – und solchen, die sich dafür halten –, noch um Interessen der Industrie, wahllos Vitaminpräparate zu verkaufen. Mir liegt die sachliche Aufklärung am Herzen, die genügend Wissen und Sicherheit vermittelt, gesünder zu leben, um rechtzeitig Schutzmaßnahmen gegen vorzeitige Alterungsprozesse und vermeidbare Erkrankungen ergreifen zu können. Beginnen wir mit dem bekanntesten aller natürlichen Antioxidantien, dem Vitamin C.

8. Kapitel
Vitamin C – lebensnotwendig wie Sauerstoff und Wasser

Es ist noch gar nicht so lange her, da glaubten Ärzte und Ernährungsfachleute fest daran, daß der menschliche Körper genügende Mengen an Vitamin C erhält, wenn kein Skorbut auftritt. Der Witz bei der Sache ist allerdings, daß sich die klassische Vitamin-C-Mangelkrankheit bereits mit etwa 10 mg Vitamin C pro Tag vermindern läßt. Diese Minimalmenge nehmen wir mit unserer landesüblichen Ernährung in jedem Fall auf. Skorbut ist auch keineswegs der erste Hinweis auf eine Vitamin-C-Unterversorgung, sondern bereits Ausdruck eines manifesten Krankheitsbildes, das außer der Lokkerung der Zähne eine weitere Fülle schwerwiegender Schäden im Körper anrichtet. Inzwischen hat man sich darauf geeinigt, von sogenannten subklinischen Mangelzuständen zu sprechen, die zwar keinen eindeutigen, medizinisch faßbaren Befund wie Skorbut erkennen lassen, jedoch unter bestimmten Bevölkerungsgruppen gehäuft beobachtet werden. Zu diesen zählen Senioren, insbesondere alleinstehende Männer, die sich einseitig und fehlerhaft ernähren, oder Männer und Frauen, die über eine mangelhafte Gebißqualität klagen, und daraufhin wenig frisches Gemüse, Salat, Obst und Vollkornprodukte zu sich nehmen. Weiterhin können Raucher in einen subklinischen Mangelzustand hineingeraten, wenn das Nikotin nicht als Vitamin-C-Räuber erkannt und peinlich genau auf angepaßte Vitamin-C-Zulagen geachtet wird. In nahezu allen Fällen lassen das Zahnfleisch und das Gebiß von Anhängern des blauen Dunstes zu wünschen übrig, wobei keineswegs die Verfärbung gemeint ist. Anhänger der Fast-Food-Welle, Frauen im letzten Drittel der Schwangerschaft, stillende Mütter, Menschen, die täglich Medikamente einnehmen, Jugendliche mit Alkohol- und Drogenkonsum, sie alle können unmerklich in eine Vitamin-C-Unterversorgung geraten. Zu den hauptsächlichen Symptomen, die eine unzulängliche Vitamin-C-Versorgung signalisieren, zählen blutendes Zahnfleisch (rosa Zahnbürste), die Ausbildung blauer Flecken aus nichtigem Anlaß, Blutarmut (Anämie), Streßanfälligkeit und Gereiztheit, die Behinderung der Wundheilung, Konzentrationsschwäche und unerklärbare Müdigkeit, gehäuft auftretende Erkältungskrankheiten, verzögerte Erholungszeiten nach Erkrankungen, ein schlechtes Hautbild und die Zunahme allergischer Reaktionen. Mit durchschnittlich 80–100 mg Vitamin C pro Tag (Empfehlung der Deutschen Gesellschaft für Ernährung) sind diese Symptome im allgemeinen notdürftig zu beseitigen. Die Versorgung der körpereigenen Abwehr gegen Umweltgifte und radioaktive Strahlung sowie zur Vorbeugung von Alterungsprozessen ist aber unzureichend. Zu den hervorragenden Eigenschaften des Vitamin C (Ascorbinsäure) zählt die erfolgreiche Neutralisierung organischer und anorganischer Gifte wie Blei, Arsen, Kadmium, Quecksilber, Benzol, Schlangen- und Insektengifte, toxische Stoffwechselendprodukte, durch Viren und Bakterien hervorgerufene Toxine und eine Fülle industrieller Schmutz- und Schadstoffe. Insbesondere bietet das Vitamin C aktiven Zellschutz gegen Röntgen-, radioaktive und kosmische Strahlung.

- *Das Vitamin C ist das wichtigste wasserlösliche Antioxidans. Es wirkt als zuverlässiger Inaktivator freier Radikale und trägt dazu bei, daß Alterungsprozesse der Zellen hinausgezögert und die Abwehrmechanismen des Körpers kräftig unterstützt werden.*

Bei einer ununterbrochenen ausreichenden Vitamin-C-Versorgungslage nimmt die Anfälligkeit für Erkältungen und grippale Infekte deutlich ab. Die Blutgefäße gewinnen an Elastizität und Durchgängigkeit, so daß die Ausbildung blauer Flecken aus nichtigem Anlaß unterbleibt. Verletzungen heilen rascher, das Hautbild verbessert sich. Falten, Runzeln und andere altersabhängige äußerlich sichtbare Zeichen der gelebten Jahre prägen sich viel später als erwartet aus. Die jugendliche Erscheinung, das sexuelle Interesse und geistige Fähigkeiten bleiben länger erhalten. Erreicht der Vitamin-C-Spiegel auf Dauer eine optimale Höhe und stimmt auf Grund des vollständigen Angebotes aller lebenswichtigen Nährstoffe der Hormonhaushalt, heilt beispielsweise der Knochenbruch eines Menschen von 70–80 Jahren ebenso rasch wie bei einem Vierzigjährigen. Eine gute Vitamin-C-Versorgungslage trägt dazu bei, daß die Knochen nicht vorzeitig porös, biegsam und brüchig werden. Diese Gefahr bahnt sich insbesondere bei Frauen vor und während der Menopause an. Das Vitamin C nimmt einen günstigen Einfluß auf den allgemeinen Zustand der Muskulatur, so daß die krumme Haltung, die längst nicht mehr allein für den älteren Menschen typisch ist, nicht auftritt.

Bereits nach dieser Darstellung mutet das Vitamin C wie ein Wunder- oder Allheilmittel an. Der Anschein trügt gleichermaßen wie unsere übliche Vorstellung von einer guten Gesundheitssituation und der Denkweise, daß es mit zunehmendem Alter zu gesundheitlichen Einbußen kommen muß.

Heute erkennen zahlreiche Mediziner und Ernährungswissenschaftler – leider wesentlich intensiver in den USA als hierzulande –, daß höhere Vitamin-C-Gaben einfach notwendig sind, um die Lebensfähigkeit jeder aktiven Zelle nach Kräften zu unterstützen. Die Aufgaben der Ascorbinsäure sind schon unter normalen Belastungen des täglichen Lebens derartig breit gestreut, daß eine geringe Unterversorgung bereits zu Ausfallerscheinungen in Organen und Geweben führen muß. Zu den routinemäßigen Aufgaben des Vitamin C zählt u. a. die Beteiligung am ständigen Aufbau von Eiweißsubstanzen und die Erhaltung von »Zellmörtel«, dem Kollagen, sowie der begünstigende Einfluß auf die Gesundheit des Bindegewebes und der Haut.

Vitamin C hebt die Aufnahme von Eisen an! Dieser wichtigen Erkenntnis wird in der ärztlichen Praxis und vor allem im Küchenalltag viel zu geringe Aufmerksamkeit geschenkt. Nach statistischen Berechnungen leidet hierzulande jede zweite Frau zwischen 15 und 50 Jahren an einem Defizit von roten Blutkörperchen (Blutarmut). Ohne ausreichende Eisenzufuhr sinkt die Zahl der elementaren Sauerstoffüberträger in den Bereich anämischer Werte. Müdigkeit, Lustlosigkeit, Blässe der Haut und Konzentrationsmangel sind Folgen, die mit einem optimalen Vitamin-C-Angebot behoben werden können. Die Aufnahme von Kalzium und weiteren Mineralstoffen wird durch Vitamin C deutlich begünstigt und die Bildung von Hormonen und Steuerungssubstanzen des Stoffwechsels verbessert.

Das Vitamin C befindet sich in hoher Konzentration in der Augenlinse und trägt damit zur Erhaltung des Sehvermögens bei. Der Vitalstoff senkt den Cholesterinspiegel, indem er Fettsubstanzen des Blutes mobilisiert und von den Gefäßwänden abzieht. Das Immunsystem benötigt Vitamin C, um genügend Antikörper aufzubauen und daraufhin Viren, Bakterien und Gifte zu neutralisieren und zur Ausscheidung zu bringen. Das Vitamin C begegnet vorzeitiger Ermüdung nach sportlicher und anderer körperlicher Belastung, indem es die Azetonkörperchen verringert, die bei der Energieumwandlung entstehen. Vitamin C trägt dazu bei, die Zwischenwirbelscheiben belastbar und funktionstüchtig zu erhalten. Der Vitalstoff regt in vernünftigem Angebot die Darmflora zu gesundem Wachstum an, und letztendlich erweist er sich als eminent wichtiger Gegenspieler freier Radikale. In Teamwork mit Vitamin E wird die Eigenverbrennung der Zelle gebremst und damit die Lebens- und Reparaturfähigkeit der elementaren Urbausteine erhalten.

Die Aufzählung der breit gefächerten Aufgaben des Vitamin C sind hier nur kurz umrissen, und Sie, liebe Leserinnen und Leser, werden sich zu Recht fragen: Warum sagt mir mein Arzt nicht klipp und klar, ob ich mehr Vitamin C benötige, um gesund zu bleiben, und wie ich vermeidbaren Alterungsprozessen begegne? Die Beantwortung der Frage ist denkbar einfach, trifft aber einen wunden Punkt. Es herrscht hierzulande unter Schulmedizinern eine unglaubliche Ignoranz gegenüber vorbeugenden Ernährungsmaßnahmen, und die wenigen guten und vor allem praxisnahen Ansätze werden von Vorurteilen und auch von Unkenntnis überdeckt. So sollte in Ärztekreisen z. B. bekannt sein, daß Ascorbinsäure die Giftigkeit von Medikamenten mindert und gleichzeitig deren Wirksamkeit anhebt, so daß in den meisten Fällen geringere Dosen nötig wären, um den gleichen Effekt zu erzielen. Wann aber verordnet der Arzt z. B. zu einem Antibiotikum Vitamin C?

Die längerfristige Einnahme von Antibiotika steigert den Bedarf des Organismus an Vitamin C und fördert auch die Bildung freier Radikale, das körpereigene Abwehrsystem kann nach und nach mattgesetzt werden. Es zählt zu den Erfahrungswerten, daß ein Antibiotikum relativ rasch das Symptom Fieber ausschaltet. Wird daraufhin wegen der vermeintlichen Besserung das Medikament abgesetzt, stellt es sich nicht selten umgehend mit erhöhten Temperaturen wieder ein, und es kommt zu einem Rückfall, der oft schwerwiegender ist als der Beginn der Erkrankung. Die Abwehrkräfte sind derartig geschwächt, daß der Patient sich einfach nicht erholt, die Infektion nicht überwindet und sich unglaublich lange anfällig und zerschlagen fühlt. Mit Vitamin C sind die wichtigen Widerstandskräfte leichter aufzubauen. Trotzdem streiten sich zahlreiche Ärzte über die Wirksamkeit von Vitamin C, ja sie meinen sogar, daß Ascorbinsäure überhaupt keinen Wert bei der Behandlung von Infektionen hat.

Der Vitamin-C-Spiegel der T-Zellen und anderer weißer Zellen des menschlichen Abwehrsystems ist für die Bekämpfung von Infektionen durch Viren oder andere Erreger von großer Bedeutung. Die T-Zellen verfügen über hohe Vitamin-C-Konzentrationen, die rasch absinken, wenn es gilt, Krankheiten zu bekämpfen. Die generelle Abnahme des Vitamin-C-Spiegels in den T-Zellen mit zunehmendem Alter wird dafür verantwortlich gemacht, daß in den höheren Jahrgängen die Immunität gegen degenerative Leiden wie Krebs, rheumatische Erkrankungen und Diabetes abnimmt. Nach einer Infektion steigt der Vitamin-C-Spiegel in den T-Zellen ganz langsam wieder an. Je schwerwiegender die Erkrankung, um so mehr Zeit wird benötigt. Es sei denn, die Vitamin-C-Aufnahme mit der Nahrung oder durch zusätzliche Gaben findet gezielte Unterstützung.

- *Ein defektes Abwehrsystem wird mit allen Krankheiten in Verbindung gebracht, die vorzeitige Alterungsprozesse in Zellen, Organen und Geweben beschleunigen. Das Vitamin C hebt die körpereigene Abwehrfähigkeit an.*

Für Ihren persönlichen Vorsorgeplan ist darum wichtig: Die Wirkung von Vitamin C hinsichtlich der Erhaltung biologischer Stoffwechselabläufe und der Vorbeugung von Alterungsprozessen läuft exakt auf zwei Ebenen ab. Sie muß deshalb auch in zwei unterschiedlichen Kategorien gesehen werden:

1. Die Aufnahme eines Basisangebotes, das den täglichen Normalbedarf befriedigend abdeckt.
2. Eine vorbeugende Versorgung mit Zulagen für außerordentliche Situationen wie Umweltbelastungen, Streß und Erkrankungen.

Die außergewöhnlichen Situationen sind für die meisten von uns eigentlich normal. Der Hektik des Alltags, der zunehmenden Belastung des Wassers, der Atemluft und des Bodens, der unsere Nahrungsmittel hervorbringt, können wir uns kaum entziehen.

Einen Beweis für die Notwendigkeit eines zusätzlichen Vitamin-C-Angebots liefern die T-Zellen im System der weißen Blutkörperchen übrigens auch bei Rauchern. Ihre Vitamin-C-Spiegel sind durchweg sehr niedrig, weil das Nikotin und weitere Inhaltsstoffe der Zigarette den Vitamin-C-Bestand des Körpers ausrauben. Die Anfälligkeit für Erkrankungen der Atemwege und weitere Immunschwächen greift nach und nach um sich.

Wer also von der Zigarette nicht lassen kann, sollte wenigstens seine Vitamin-C-Versorgung im Auge behalten! Der Rauch einer Zigarette raubt dem Körper etwa 25 mg Vitamin C. Was ist dagegen zu tun? Ganz einfach: die tägliche Nahrung sollte mit zusätzlichen Gaben von Ascorbinsäure ergänzt werden. An dieser Stelle erwarte ich den Protest von Fachleuten, die noch immer beharrlich verlauten lassen: Bei normaler, gemischter Kost sind mühelos die empfohlenen 75–100 mg Vitamin C täglich aufzunehmen. Das mag sogar vielfach richtig sein, aber ich frage: Reicht diese Menge tatsächlich aus? In gewöhnlichen und außerordentlichen Situationen ist der individuelle Vitamin-C-Bedarf des Menschen unterschiedlich, und letztlich weiß niemand genau, ob die bekannten Vitamin-C-haltigen Lebensmittel und Getränke tatsächlich das statistisch ausgewiesene Angebot enthalten. Ich bezweifle, ob Orangen, Zitronen, Paprika, Salate etc. regelmäßig daraufhin untersucht werden, wie es um ihren tatsächlichen Vitamin-C-Gehalt bestellt ist. Ansonsten haben die bekannten Statistiken nur den zweifelhaften Wert, beruhigende, jedoch veraltete Informationen weiterzugeben, und Papier ist bekanntlich geduldig. Der Anbau, die Bodenverhältnisse, Sonneneinstrahlung, Düngung und Lagerung sowie industrielle und küchentechnische Verarbeitungsmethoden nehmen ihren Einfluß auf den Vitamingehalt im allgemeinen und den Vitamin-C-Bestand im besonderen. Vitamin C ist wasserlöslich, hitzeempfindlich und oxidiert unter Sauerstoffeinfluß. Werden Gemüse, Salat oder Obst zerkleinert und zur Reinigung in eine wäßrige Umgebung gebracht, geht das Vitamin C – je nach der Dauer der Prozedur – in die Flüssigkeit über. Ähnlich hoch sind die Verluste bei langen Kochprozessen und mehrmaligem Aufwärmen. Bereits beim unsachgemäßen Auftauen können bis zu 80 Prozent des Vitamin C durch den Einfluß des Luftsauerstoffs verloren gehen, denn Zimmertemperatur und Sonnenlicht machen dem Vitamin C der frischen und tiefgekühlten Produkte den Garaus. Durch die vorzeitige Ernte von Zitrusfrüchten ist der Vitamin-C-Anteil noch nicht voll ausgebildet. Gelangen diese auf Grund des Transportwegs und der Lagerung etwa vierzehn Tage später in den Einkaufskorb des Verbrauchers, ist das Vitamin C weiterhin verringert.

Der menschliche Organismus kann weder das Vitamin C aus sich heraus aufbauen noch das zugeführte Angebot speichern, es gelangt je nach vorhandener Menge in Zellen und Gewebe und wird mit dem Schweiß, Urin und Stuhl ausgeschieden. Sportler, Menschen mit hoher Flüssigkeitszufuhr und unter körperlicher Belastung sowie Touristen in südlichen Regionen benötigen mehr Vitamin C. Tritt eine Unterversorgung ein, sind 75–100 mg täglich der bekannte Tropfen auf den heißen Stein. Klinische Versuche in den USA ergaben, daß Vitamin-C-hungriges Gewebe ca. 4000 mg aufnimmt, ehe Spuren des Vitalstoffs im Urin feststellbar sind.

Die zahlreichen Gegner höherer Vitamin-C-Dosen erklären, daß es sich keineswegs lohnen könne, nach einer Gewebesättigung weiterhin mehr Vitamin C als die empfohlene Menge aufzunehmen, da es ja doch unweigerlich ausgeschieden wird. Sie sprechen von Verschwendung und bedenken dabei nicht, daß Vitamin C wie ein Detergens (biologisches Spülmittel) im Organismus wirkt. Giftstoffe und Stoffwechselendprodukte müssen aus den Geweben hinausgewaschen und zu den Ausscheidungsorganen befördert werden. Ein guter Tip zur wirksamen Entschlackung ist und bleibt daher der Genuß von etwa zwei Liter Flüssigkeit pro Tag. Es erscheint mir nur allzu logisch, diesen Prozeß mit angepaßten Gaben von Ascorbinsäure zu unterstützen. Bei der Benutzung von Wasser und Seife spricht man schließlich auch nicht von Verschwendung, nur weil sie doch in den Ausguß gelangen. Eine fortlaufende Entschlackung ist das A und O in unserer Zeit der Umweltbelastungen, fehlerhafter Ernährung und mangelnder körperlicher Bewegung. Fortschrittlichen Ärzten erscheint es durchaus wünschenswert, daß sich Ascorbinsäure im Urin befindet, um dem Blasenkrebs vorzubeugen. Durch bestimmte chemische Reaktionen, z. B. auf N-Nitrosoverbindungen, in den ableitenden Organen können sich bösartige Veränderungen bilden. Die Ascorbinsäure wendet derartige Gefahren weitgehend ab.

Das Vitamin C, eine Substanz mit entscheidend wichtigen, oxidationshemmenden Eigenschaften, ist eine Säure. Es empfiehlt sich daher, größere Mengen nicht auf nüchternen Magen einzunehmen. Höhere Dosierungen führen bei Magenempfindlichen zu leichtem Unbehagen, Übersäuerung und manchmal zu Durchfällen. Die optimale Lösung besteht darin, kleine Mengen von Ascorbinsäure regelmäßig über den Tag verteilt anzubieten. Das preiswerte Pulver kann statt Zitrone oder Essig bei der Zubereitung von Salaten und zahlreichen Speisen Verwendung finden. Auf diese Weise erhält die ganze Familie eine wohlschmeckende Nahrungsergänzung. Ein gestrichener Teelöffel voll Ascorbinsäure entspricht etwa 3000 mg. Gibt man diese Menge in einen Liter Wasser, entsteht ein erfrischendes Getränk, das gerade im Sommer ein ausgezeichneter Durstlöscher ist. Es lohnt sich unbedingt, für eine größere Familie zwei bis drei Liter anzusetzen und abgedeckt im Kühlschrank aufzubewahren. Das Getränk steht jederzeit zur Verfügung und kann mit etwas Honig oder Fruchtzucker variiert werden. Gerade für das Büro ist dies eine Möglichkeit, statt übermäßiger Mengen Kaffee oder Limo gesundes Vitamin C zu trinken. Insbesondere wenn geraucht wird, erweist sich das preiswerte Getränk als aktiver Entgifter, und die behutsame entwässernde Wirkung ist durchaus ein Plus für die schlanke Linie.

Einige Vitamin-C-Präparate enthalten Rutin und Bioflavonoide. Das sind Pflanzenfarb- bzw. Wirkstoffe, wie sie in der Natur in Gemeinsamkeit mit Vitamin C auftreten. Zahlreiche Pflanzen, Früchte, Gemüse und insbesondere Buchweizen enthalten beide Substanzen, die als Vitamin-C-Komplex bezeichnet werden. Frische Zitrusfrüchte und Paprikaschoten sind ebenfalls ausgezeichnete Quellen. Die bislang noch keineswegs populären Pflanzenwirkstoffe verstärken nicht nur die beschützenden Kräfte des Vitamin C, sondern sie nehmen auch einen positiven Einfluß auf die Gesunderhaltung der Zellmembranen und die Elastizität der feinen Haargefäße. Wer den Vitamin-C-Komplex als Nahrungsergänzung zu sich nimmt, erweitert die Wirkungsmechanismen gegen vorzeitige Alterungsprozesse.

Die Gretchenfrage kommt unweigerlich. Wieviel Vitamin C und Bioflavonoide sind empfehlenswert? Schließlich reichen die in den Nahrungsmitteltabellen angegebenen Mengen von 75 mg bis 12 Gramm pro Tag, die der zweifache Nobelpreisträger Linus Pauling nicht nur selber seit Jahren zu sich nimmt, sondern auch zur Vorbeugung von Alterungsprozessen empfiehlt. Gegen diese Megadosis laufen nahezu alle internationalen Gremien Sturm, und hierzulande wird sogar dringend davor gewarnt. Eine Fülle von klinischen Untersuchungen und Studien pendelt sich bei täglichen Gaben zwischen 1000 und 2000 mg ein. Zeiten höherer körperlicher und psychischer Belastung sowie Erkrankung und Genesung erfordern 3000 mg pro Tag. Prof. Roy L. Walford (Los Angeles) rät zu 1000 mg Vitamin C und 300 mg Bioflavonoiden täglich, um Zellen und Gewebe jung und aktiv zu erhalten und vor allem vor der Aggression freier Radikale und Eigenverbrennung zu beschützen. Da es im Rahmen der Verzögerung von Alterungsprozessen auf das vollständige Angebot aller Vitamine, Mineralien und Spurenelemente ankommt und sich Vitalstoffe untereinander ergänzen und gegenseitig beschützen, sind 1000 mg Vitamin C aus dem Kostangebot und mit Hilfe einer vernünftigen Nahrungsergänzung durch Ascorbinsäure eine Richtschnur. Je nach Befinden, Jahreszeit, Ernährungsgewohnheiten und Lebensalter kann nach eigenem Ermessen die Dosis ermäßigt, aber auch erhöht werden. Wer auf dem Lande lebt und Früchte,

Gemüse, Kartoffeln und Gartenkräuter aus dem eigenen biologischen Anbau verzehrt und auf Nikotin verzichtet, benötigt weniger als ein rauchender Stadtbewohner, der täglich die Abgase einer vielbefahrenen Hauptverkehrsstraße einatmet. Eines scheint jedoch klar zu sein: 1000 mg Ascorbinsäure, in kleinen Portionen auf den Tag verteilt, sorgen für die Erhaltung der körpereigenen Abwehrkräfte. Der Vitamin-C-Spiegel der T-Zellen bleibt konstant, das Immunsystem wird optimal »ausgepolstert«, um gegen Anfechtungen aller Art gerüstet zu sein. Diese 1000 mg (1 Gramm) Ascorbinsäure sind kaum mit der Normalkost aufzunehmen. Die vergleichsweise preisgünstige Investition von etwa 10 Pfennig und weniger – je nach Präparat – pro Person und Tag sollte uns der aktive Schutz vor vermeidbaren Erkrankungen und vorgezogenen Alterungsprozessen wert sein.

9. Kapitel
Vitamin E – Schutz und Schirm gegen das Altern

Keines der bekannten Vitamine hat in jüngster Zeit so reichlich für Mißverständnisse gesorgt wie das Vitamin E. Hochstilisiert zum Sex-Vitamin – weil Ratten unter dem Mangel des Nährstoffs steril wurden –, avancierte es zum »Vitamin der achtziger Jahre«, erlebte einen ungeheuren Verkaufsboom und Bekanntheitsgrad und wurde auch kräftig »angeschossen«.

Was hat es denn nun wirklich mit dem Vitamin E auf sich? Es handelt sich um eine fettlösliche Substanz mit der Bezeichnung Tokopherol (das stammt aus dem Griechischen und bedeutet Geburtsträger). Genaugenommen handelt es sich um eine Gruppe, die alle isomerischen Verbindungen der alpha-, beta-, gamma-, delta-Tokopherole als Vitamin E unter einem Dach vereint. Das alpha-Tokopherol gilt als die biologisch aktivste Substanz, alle anderen vervollständigen das Wirkungsspektrum. In der Natur sind zumeist alle Formen gleichzeitig vertreten. Das Vitamin E in seiner ursprünglichen Form findet sich vorwiegend in Weizenkeimen, Nüssen und Samen, schonend behandelten Pflanzenölen und -fetten. Geringe Spuren enthält das Eigelb und manchmal auch die Vollmilch. Es besitzt vorzügliche Eigenschaften, die als aktive Altersbremse genutzt werden können.

- *Vitamin E ist ein fettlösliches Antioxidans und wirksamer Gegenspieler freier Radikale. In den Zellen und an deren Wänden ist seine Zellschutzfunktion unumstritten.*

Augenblicklich kennt die Wissenschaft nur Vitamin E als den Oxidationshemmer zwischen Fett, fettlöslichen Substanzen und Sauerstoff, der im Inneren der Zelle (Mikrosomen und Mitochondrien) seine beschützende Wirkung ausübt und Lipidperoxidationen verhindert. Vitamin E setzt den Sauerstoffverbrauch des Organismus herab, indem der Brennstoff aller Lebensvorgänge ökonomischer genutzt wird. In dieser Weise kommt es zur Verringerung von Oxidationen an den Zellwänden, die alle fettähnliche Substanzen enthalten. Diese Erkenntnis ist eigentlich das Herzstück der Altersbremse Vitamin E, die in jeder aktiven Zelle ihre lebenserhaltende Funktion ausübt.

Der Smog enthält nachweisbar eine Reihe von Chemikalien, die mit den Fettbestandteilen der Zellwand Oxidationen eingehen. Da Smog auch hierzulande bei bestimmten Wetterlagen auftritt, Zellschädigungen hervorruft und die Lebenserwartung mindert, kamen US-Untersuchungen über das Vitamin E großes Interesse zu. Wissenschaftliche Studien gingen der Frage nach, inwieweit das Antioxidans Vitamin E bei Labortieren unter hoher und mehrtägiger Smogkonzentration Lungenschäden verhindert. Die Erfolge waren überzeugend und bestätigten erste Ansätze, die sich bereits in den fünfziger Jahren unter der amerikanischen Bevölkerung herumgesprochen haben. Damals setzte buchstäblich ein Run auf Vitamin E ein.

Das Vitamin E ist keineswegs ein Senkrechtstarter, wie hierzulande immer wieder zu hören ist. Schon 1940 stellten russische und amerikanische Wissenschaftler gleichermaßen – und vor allem unabhängig voneinander – fest, daß Leistungssportler nach der Gabe von 100 Gramm reinem Weizenkeimöl belastbarer waren. Sie verfügten über »better wind«. Im Klartext: es stand ihnen mehr Sauerstoff zur Verfügung, der die Ausdauer in Training und Wettkampf steigerte und die Erholungszeiten deutlich verkürzte. Der Abbau von Stoffwechselendprodukten wie Milchsäure fand rascher statt, und die Herztätigkeit verbesserte sich. Das Vitamin E hebt die Energiereserven im Körper an und unterstützt die Sauerstoffversorgung des Herzens. Atemnot, Beklemmung und vorzeitige Erschöpfung unter körperlicher Belastung werden reduziert. Statt dessen herrschen Leistungsbereitschaft und körperliche Frische vor. Das Vitamin E ist ein Wegbereiter des zügigen Blutflusses und hält Arterien und Venen elastisch. Vitamin E verbessert auch die Qualität des Blutes.

Unter Vitamin-E-Mangel wird nicht nur ständig Sauerstoff vergeudet, sondern die vitalen Sauerstoffüberträger – die roten Blutkörperchen – gehen vorzeitig zugrunde. US-Wissenschaftler stellten nach Weltraumflügen, die länger als eine Woche dauerten, bei den beteiligten Astronauten Blutarmut, Herzschwäche und Erschöpfung fest. Bis zum Fluge von Apollo 10 verloren die Besatzungen etwa 20–30 Prozent der roten Blutkörperchen. Die Mediziner standen vor einem Rätsel. Durch die Entdeckung von Dr. David Turner aus Toronto wurde das Problem gelöst. Es handelte sich um einen Vitamin-E-Mangel. Die sauerstoffreiche Luft in der Raumkapsel hatte die ungesättigten Fettsäuren in den Zellen und an den Zellwänden überdurchschnittlich zerstört. Durch den Austritt von rotem Blutfarbstoff, dem Hämoglobin, hatte sich eine Hämolyse entwickelt. Fette und Gallensäuren können sich ohne den Schutz von Vitamin E verseifend und spaltend auf die roten Blutkörperchen auswirken, sie platzen. Bei den Astronauten hatte die Unterversorgung der Zellen und Gewebe, aber ebenso der verzögerte Abtransport von Schlakken die extremen Erschöpfungszustände hervorgerufen. Seither wird der Astronautenkost Vitamin E hinzugesetzt. Anämische Erscheinungen und andere Beeinträchtigungen blieben seitdem aus.

Das Vitamin E wird bei der Schlackenbeseitigung auch im Bindegewebe benötigt. In diesem weichen, zellreichen Gewebe großer Flächenausdehnung findet ein ständiger Transitverkehr zwischen den kleinen Blutgefäßen und den angrenzenden Zellen statt. Alle Substanzen, die das Blut in Richtung Zellmembran verlassen, und solche, die als Endprodukt des biochemischen Betriebs in die Blutbahn zurückkehren, müssen das Bindegewebe passieren. Da die faserreiche Oberfläche des Bindegewebes dazu neigt, Stoffwechsel-Endprodukte zu horten, entwickelt sie sich leicht zur Mülldeponie. Wir spüren diese Auswirkungen durch schmerzhafte Verkrampfungen der Muskulatur. Die wahren Auslöser des Schmerzes sind in dem von Schadstoffen überlasteten Bindegewebe zu suchen. Die feinen Blutgefäße stehen unter Druck, und sie sind so eingeengt, daß der notwendige Transitverkehr behindert wird. Es kann in den Geweben bzw. im Muskel zu Erscheinungen kommen, die Rheumatologen als »trophischen Sauerstoffmangel« bezeichnen. Das Vitamin E schützt die Muskulatur, Knorpel und Sehnen vor oxidativer Zerstörung, die bei zahlreichen rheumatischen Erkrankungen die Ursache der Schmerzbelästigung sind. Mehrere umfangreiche Studien in Rheumakliniken bewiesen, daß rheumatische Erkrankungen durch Vitamin E in erstaunlicher Weise zu bessern sind. Der Verbrauch von Schmerzmitteln ging bis zu 50 Prozent zurück, und teilweise waren diese kaum mehr nötig. Es ist selbstverständlich, daß eine hochdosierte Vitamin-E-Zufuhr wie in diesem Fall unter die Kontrolle des Arztes gehört.

Wenn auch die vielfältigen Funktionen des menschlichen Bindegewebes noch nicht endgültig geklärt sind, im Abwehrsystem des Organismus spielt es eine entscheidende Rolle. Sogenannte »definierte Wanderzellen« im weichen Bindegewebe stehen im Dienst der Immuntätigkeit. Diese werden außerordentlich behindert, wenn das Gewebe mit Stoffwechsel-Endprodukten überladen ist. Die Helfer der Immunabwehr können ihre Aufgaben nur dann erfüllen, wenn das Bindegewebe funktionstüchtig bleibt und die Versorgung mit essentiellen Nährstoffen und Sauerstoff unbehindert verläuft. Das Vitamin E kann hier einen hervorragenden Beitrag leisten, in dem es als Gefäßreiniger, als Antioxidans und mit seiner entquellenden Wirkung auf das Bindegewebe einen günstigen Einfluß ausübt. Wenn die Nahrung genügend Vitamin E enthält, leisten Sie Ihrer überlasteten Leber einen unschätzbaren Dienst. Das körpereigene Chemiewerk hat mit der Schlakkenbeseitigung reichlich zu tun und ist häufig überfordert.

Für die lebenswichtigen Vorgänge ist die ständige Gegenwart von Sauerstoff erforderlich. Bei einer verbesserten Nutzung durch Vitamin E leistet Ihre Leber mit weniger Sauerstoff mehr Arbeit. Die Entgiftung des Körpers von chemischen Zusätzen aus der Nahrung, Nitrat und weiteren Industrieschadstoffen erfolgt zügiger. Die US-Ernährungswissenschaftlerin Adelle Davis schreibt, daß durch eine mangelhafte Vitamin-E-Versorgung jederzeit ein Leberschaden entstehen kann. Sie gibt zu bedenken, daß etwa bei einem Drittel der Krankenhauspatienten in den USA, die wegen Leberfunktionsstörungen behandelt werden, ein Vitamin-E-Mangel vorliegt.

Die Menge des Sauerstoffs und seine gerechte Verteilung in Zellen, Geweben und Organen gibt bekanntlich Aufschluß darüber, wie es um den energetischen Status bestellt ist. Sauerstoffmangel verringert nicht nur die allgemeine Vitalität, sondern er schränkt nach und nach die Immunabwehr ein. Steht dem Körper genügend Vitamin E zur Verfügung, wirkt es wie ein Allwettermantel gegen die Luftverschmutzung. Es bewahrt weiterhin die Lungen und Atemwege vor den schädlichen Auswirkungen des Smogs und schützt die roten Blutkörperchen vor Zerstörung. Wenn Sie, liebe Leserinnen und Leser, im Großstadtverkehr oder im Stau den Abgasbelastungen ausgesetzt sind, hilft der Nährstoff Vitamin E, die Sauerstoffnot in Grenzen zu halten.

Die höchsten Konzentrationen von Vitamin E befinden sich im Vorderlappen der Hirnanhangdrüse. Vitamin E beeinflußt u. a. die Hormonproduktion und bewahrt die empfindlichen Substanzen gleichzeitig vor Oxidationsprozessen. Der Vitalstoff ist kein »Sex-Vitamin«, aber er begünstigt die Sexualfunktionen, so daß in dieser Eigenschaft unbedingt von einer Altersbremse gesprochen werden kann. Das Vitamin E trägt dazu bei, Cholesterinansammlungen in und an den Blutgefäßen abzubauen. Diese treten verstärkt an Stellen auf, die durch mangelnde Sauerstoffzufuhr gefährdet sind. Auch hier leistet Vitamin E vorbeugende Verjüngungsarbeit, denn Gefäßveränderungen und überhöhte Cholesterinspiegel tragen als Risikofaktoren dazu bei, Krankheits- und Alterungsprozesse zu beschleunigen und die persönliche Lebensqualität zu mindern.

Die oxidationshemmende Eigenschaft des Vitamin E kommt auch der Haut zugute. Das mit etwa 1,7 Quadratmeter Fläche größte Organ unseres Körpers ist umweltbedingten Schädigungen im wahrsten Sinne des Wortes »hautnah« ausgesetzt. Die Zunahme von Hauterkrankungen durch Schmutz und Schadstoffe, giftige Industrie- und Autoabgase usw. ist heute nicht mehr zu leugnen. Genau an dieser Stelle bietet das Vitamin E seine antioxidative Hilfe an, denn die Haut hat bekanntlich einen Fettstoffwechsel. Die Hemmung freier Radikale durch Verbindungen von Sauerstoff und Fettsubstanzen wirkt sich als Hautschutz- und Verjüngungsfaktor aus. Eine Reihe von Cremes, Lotionen, Sonnenschutzmitteln und Hautfunktionsölen enthalten Vitamin E, um das Ranzigwerden (Hautalterung) weitgehend zu unterbinden und die natürlichen Abwehr- und Regenerationskräfte der Haut zu unterstützen. In Verbindung mit einer befriedigenden Vitamin-E-Versorgung über die kleinen Blutgefäße, dem Zellschutz von innen, kann die Behandlung von außen – durch Vitamin-E-haltige Präparate – gute Dienste leisten.

Bereits vor vielen Jahren veröffentlichten US-Dermatologen ihre erstaunlichen Erfahrungen über Heilungen der Haut bei äußerer und innerer Anwendung von Vitamin E. Es handelte sich um Verletzungen, Verbrennungen, Operationsnarben und Strahlenschäden. Zur Bildung von narbigem Gewebe ist offensichtlich weniger Sauerstoff notwendig, als zum glatten, narbenlosen Ausheilen der Haut. Bei jeder Verletzung werden Blutgefäße zerstört, und die reguläre Versorgung mit Nährsubstanzen und Sauerstoff über die Blutbahn kommt nur langsam wieder in Gang. Dieser Vorgang wird durch Vitamin E beschleunigt, und die Heilung findet unter positiveren Voraussetzungen statt. Das Hautbild verbessert sich jedoch auch ohne Verletzungen. Die Widerstandskraft gegen Sonneneinstrahlung und andere Witterungseinflüsse sowie Austrocknung und Runzelbildung wird augenfällig verbessert, denn Vitamin E ist tatsächlich Balsam für die Haut. Sowjetische Veröffentlichungen erwähnen die glättende Wirkung von Vitamin E auf vorzeitig gealterte Haut sowie die Rückgewinnung der natürlichen Haarfarbe nach frühzeitigem Ergrauen.

Die Schutzwirkung des Vitamin E auf die Zellmembranen durch die Minderung der Lipidperoxidationen zeigt sich durch den heilsamen Einfluß auf die Herz-Kreislauf-Tätigkeit, die Verbesserung der Sauerstoffnutzung und Belebung der biologischen Hormonfunktionen. Somit kann Vitamin E eine Menge gegen Alterungsprozesse ausrichten. Es gibt zwar keine überzeugenden Beweise dafür, daß Vitamin E allein die Lebensspanne eines Menschen verlängert, aber es könnte dazu fähig sein, wenn es mit anderen Antioxidantien verwendet würde. Sein Zusammenwirken mit anderen Nährstoffen als Oxidationshemmer und Altersbremse erweist sich keineswegs als Hirngespinst euphorischer Gesundheitsapostel, sondern als eine durchaus bewiesene Tatsache. Nach der Katastrophe von Tschernobyl wurde nur sehr spärlich auf den wirksamen Zellschutzstoff aufmerksam gemacht, jedoch können wir Vitamin E jederzeit nutzen, um die Auswirkungen auf unsere lebenden Zellen vorsorgend in Grenzen zu halten. Aktive und junge Zellen bestimmen die menschliche Altersuhr. Zum Jungerhalten ist Vitamin E ein echtes Faustpfand.

Die Frage nach der idealen Vitamin-E-Dosierung ist nicht allgemein verbindlich zu beantworten. Sie richtet sich weitgehend nach den Ernährungsgewohnheiten und den jeweiligen Schadstoffbelastungen des Alltags. Wer vollwertige Kost bevorzugt und häufig frische Weizenkeime zu Müsli verarbeitet sowie qualitativ hochwertige pflanzliche Öle bei der Zubereitung von Frischkost verwendet, erhält vielleicht ein Basisangebot von Vitamin E, das nach den Empfehlungen der Deutschen Gesellschaft für Ernährung 12 mg pro Tag für den Erwachsenen beträgt. Werden in erster Linie Weißmehlprodukte verzehrt und gehärtete Fette bevorzugt, sieht es um die Versorgung alles andere als befriedigend aus, da beim Ausmahlen des Mehls das Vitamin E fast vollständig verlorengeht. Der Transport und die Lagerung lassen die spärlichen Reste durch Oxidation vollkommen verschwinden. Trotzdem gehen Experten hierzulande davon aus, daß die Vitamin-E-Versorgung befriedigend sei. Schließlich wurden vor einigen Jahren punktuelle Reihenuntersuchungen durchgeführt, die zu diesem Resultat führten. Mit Sicherheit geht es nicht darum zu glauben, viel hilft auch viel, und den Verbrauch hoher Vitamin-E-Konzentrationen anzupreisen, aber die Beweise sind erdrückend, daß selbst die geringfügigen 12 mg Vitamin E pro Tag bei weitem nicht von jedem Bundesbürger aufgenommen werden. Wissenschaftliche Untersuchungen berechneten im übrigen, daß unsere Urgroßeltern mindestens 150 mg pro Tag mit ihrer Ernährung aufnahmen. An diese Vitamin-E-Gaben hat sich der menschliche Körper gewöhnt, jedoch sind die Anforderungen an das Vitamin E im Organismus seither gestiegen. Wer reichlich Fett verzehrt, benötigt ein höheres Angebot von Vitamin E als Menschen, die ihren Fettkonsum niedrig halten. Jedem Gesundheitspolitiker sollte klar sein, daß hierzulande durchschnittlich 140 Gramm Fett von jedem Bundesbürger pro Tag verzehrt werden! Wann sind die Experten der Deutschen Gesellschaft für Ernährung endlich in der Lage, ihre Nährstoffempfehlungen den tatsächlichen Gegebenheiten anzupassen und auch umweltbedingte Veränderungen, Streßbelastungen und vorbeugende Maßnahmen in ihre von Verantwortung geprägten Empfehlungen einzubeziehen?

Das Vitamin E bietet eine große Fülle vorbeugender zellschützender Hilfen für uns alle an, die wir in einer verschmutzten Umwelt leben und noch immer, wenn auch geringfügige Radionuklide mit der Nahrung aufnehmen müssen. Es scheint, als hätten hierzulande vorbeugende Maßnahmen im Gesundheitswesen nur unter dem Gesichtspunkt einen hohen Stellenwert, sofort Kosten zu sparen. Ernährungsprophylaktische Maßnahmen schlagen nicht sofort mit sichtbaren Zahlen zu Buche. Sie kommen aber dann zum Tragen, wenn ein jeder in Eigenverantwortung erkennt, welche Hebel er für sein persönliches Wohlergehen ansetzen könnte. Dabei helfen sachkundige Aussagen und der Verzicht auf veraltete Erkenntnisse. Es ist höchste Zeit, »heilige Kühe« zu schlachten, denn die Welt verändert sich, und wir sollten nicht nachhinken.

Die meisten internationalen Ernährungsexperten, die eine optimale Gesundheitsvorsorge im Auge haben, empfehlen 400 mg oder IE (Internationale Einheiten) Vitamin E pro Tag (eine IE = ein Milligramm) und zusätzlich 100 mg für jeden Eßlöffel Pflanzenöl, den wir zu uns nehmen. Die ungesättigten lebenswichtigen Fettsäuren benötigen den Schutz von Vitamin E vor Oxidation.

Sehr viele Menschen, die auf Jugendlichkeit bedacht sind und ihre Lebensspanne in körperlich geistiger Frische ausschöpfen möchten, nehmen höhere Dosierungen, bis zu etwa 1600 mg pro Tag, und berichten von keinerlei Nebenwirkungen, sondern von guten Resultaten. Von Wissenschaftlern wird ernsthaft in Frage gestellt, ob der Organismus mehr als 400 mg pro Mahlzeit überhaupt verwerten kann. Die Obergrenze toxischer Reaktionen – falls diese überhaupt eintreten – liegt nach Ansicht von Experten bei 1600 mg. Derartige Mengen können unter ärztlicher Aufsicht bei ganz spezieller Indikation wie Krebs oder schweren rheumatischen Erkrankungen für eine befristete Zeit durchaus sinnvoll sein. Im Bereich der Vorbeugung von Alterungserscheinungen sind derartig hohe Gaben überflüssig. 100–200 mg Vitamin E, auf den Tag verteilt und im Verbund mit anderen Antioxidantien eingenommen, sind ein guter Kompromiß, denn es gilt, das Beste aus Vitamin E herauszuholen. Das biologische Zusammenwirken aller Radikalfänger hat sich als sinnvoll erwiesen. Das heißt: nicht hohe Einzeldosen, sondern das gesamte Angebot mit den Vitaminen A und C, dem Spurenelement Selen und der Aminosäure Cystin schaffen die besten Bedingungen. Ich nehme seit Jahren regelmäßig zwischen 100 und 200 mg Vitamin E pro Tag und fühle mich fit und leistungsfähig.

Es wird heute angenommen, daß die durchschnittliche Vitamin-E-Aufnahme in den Industrienationen bei 7,4 mg Vitamin E pro Tag liegt. Ein Mangel verrät sich durch die Bildung von Pigmentansammlungen, die als braune Altersflecken unterschiedlicher Größe auf dem Handrücken, Wangen und im Stirnbereich entstehen. In den meisten Fällen bilden sie sich mit der Menopause aus, insbesondere dann, wenn weibliche Sexualhormone eingenommen werden, die den Vitamin-E-Bedarf verzehnfachen. Häßliche Altersflecken entstehen auch schon früher bei Einnahme der Pille. Unter Vitamin-E-Mangel bilden sich auch sogenannte Klinker. Es handelt sich um braune, wachsartige Pigmentansammlungen, die als Endprodukt aus der Verbindung zwischen ungesättigten Fettsäuren mit Sauerstoff resultieren. Sie entstehen u. a. in den Lymphknoten, in Milz und Leber, in den Nieren, im Uterus und im Gehirn, in der Muskulatur, in und an den Wänden der Blutgefäße und in der Hirnanhangdrüse. Die Pigmentation in Organen ist ein typischer Befund bei Menschen, die an Herz-Kreislauf-Erkrankungen verstarben oder überhöhte Cholesterinanteile im Blut hatten. In Blutgerinseln (Thromben) befinden sich größere Mengen des wachsartigen Pigments, das mit einem ausreichenden Angebot von Vitamin E aufzulösen ist bzw. in dem Maße erst gar nicht entstanden wäre. Mit Vitamin E sind Thrombosen, Venenentzündungen, Krampfadern, Schlag- und Herzanfälle weitaus seltener.

Eine Fehl- und Mangelernährung, um der schlanken Linie willen, führt bei jungen Mädchen und Frauen u. a. zu Blutarmut, da die Kost wenig Vitamin E enthält. US-Forschungen ermittelten, daß bei einem Anteil von weniger als 0,5 mg Vitamin E je 100 Kubikzentimeter Blut ein Mangelzustand vorliegt. Dann gehen rote Blutkörperchen zugrunde, und der Zustand der Blutarmut mit allen ihren negativen Auswirkungen ist gegeben. Unter Vitamin-E-Mangel sterben ebenfalls Muskelzellen. Dazu schreibt Adelle Davis: »Für mich besteht kein Zweifel, daß die schlechte Haltung bei Leuten jeden Alters zum Teil auf Muskelschwäche infolge von Vitamin-E-Mangel zurückzuführen ist.«

Bei Allergien und der deutlichen Minderung der körpereigenen Abwehrfähigkeit gegen Infektionen wurden durch regelmäßige Vitamin-E-Gaben erstaunliche Besserungen beobachtet. Besteht eine Unterversorgung, werden die Zellwände durch die Zerstörung von Fettsäuren brüchig und durchlässig. Bakterien, Viren und Allergene finden einen leichteren Zugang ins Innere der Zelle, und die Krankheitsbereitschaft steigt.

Mit jedem Kilogramm hochausgemahlenem Mehl und jedem Liter Öl, der unter starker Hitzeeinwirkung gepreßt wird, verlieren wir lebenswichtiges Vitamin E. Können wir uns diese Vergeudung leisten? Ich kann Sie nur anregen, Ihre Ernährungsgewohnheiten umzustellen und das Vitamin E in angepaßter Menge als Nahrungsergänzung zu nutzen, auch wenn Sie in den Medien immer wieder lesen, daß die Vitamin-E-Versorgung hierzulande vollkommen ausreichend ist. Der Stoffwechsel, die Enzym- und Hormonsysteme sind auf diesen Nahrungsbestandteil in ausreichender Menge angewiesen. Als »Rostschutz« aller aktiven Körperzellen benötigen wir Vitamin E heute dringender denn je zuvor. Zum Schluß möchte ich Ihnen einen Satz nicht vorenthalten, der nachdenklich stimmt: »Meiner Meinung nach irren die Behörden in bezug auf das Vitamin E, wie das auch beim Vitamin C der Fall war« (Prof. Linus Pauling in *Executive Health*).

10. Kapitel
Selen – die Mondgöttin gab ihm den Namen

Die weise Natur hat das Vitamin E und das Spurenelement Selen geschwisterlich im vollen Korn vereint. Heute wissen wir, daß beide als hochwirksame Antioxidantien und Gegenspieler zellschädigender freier Radikale ein nahezu unschlagbares Team sein können, vorausgesetzt, sie stehen dem Organismus in befriedigender Menge zur Verfügung. Das wasserlösliche Selen sorgt für die ausgewogene Verteilung des fettlöslichen Vitamin E in den Geweben und verbessert seine Wirksamkeit. Vitamin E erhöht die körpereigene Toleranz dem Spurenelement gegenüber.

- *Die Kombination von Selen und Vitamin E aktiviert die Bildung von Antikörpern, so daß die Reaktionsbereitschaft des Immunsystems angehoben wird.*

Vor gar nicht langer Zeit, da war die Nahrungssubstanz Selen noch wegen ihrer Toxizität bekannt. Das Blatt wendete sich um 180 Grad auf Grund einer Vielzahl wissenschaftlicher Untersuchungen und Studien, trotzdem unterliegt das Spurenelement noch immer einer Reihe von Mißdeutungen und Fehlinterpretationen. Sein antiquierter schlechter Ruf hält sich unter den konservativen Ernährungsexperten und Medizinern beharrlich. Selen ist keine giftige Nahrungssubstanz, solange die Versorgung in den Grenzen liegt, die biologisch gewachsen und seit Jahrtausenden durch die Ernährung gegeben waren. Das Selen verlangsamt Alterungsprozesse, beschützt das Herz, die Gefäße und kann möglicherweise sogar vor Krebs bewahren. Eine der hervorragendsten Eigenschaften des Selens beruht auf der wissenschaftlichen Erkenntnis, Quecksilber zu entgiften und eine Reihe von Umweltschadstoffen daran zu hindern, sich in karzinogene (krebserregende) Substanzen umzuwandeln. Quecksilber zählt zu den Giften, die rote Blutkörperchen zerstören und Veränderungen in den Chromosomen nach sich ziehen. Das Quecksilber fördert bereits in geringen Dosierungen Zahnfleischentzündungen und Zahnausfall, nervöse Störungen, überhöhten Blutdruck, Anämie, Veränderungen des Verhaltens, Depressionen, Schlaflosigkeit, Asthma und Allergien. Das Quecksilber besitzt eine sehr traurige Aktualität: die große Chemie-Katastrophe in Basel im November 1986. Das rotgefärbte Löschwasser floß in großen Mengen in den Rhein, und sein Gehalt an Quecksilber war groß. Die Unfälle von Tschernobyl und vom Rhein haben eines gemeinsam: selbst wenn sich die Menschen damit abfinden und langsam beruhigen, die Radionuklide und die Gifte bleiben uns noch lange erhalten. Das giftige Rheinwasser tötete Unmengen von Fischen, aber damit ist die zerstörerische Spur noch längst nicht zu Ende. Quecksilber kann sich nicht einfach verflüchtigen, es geht ins Grundwasser und in die Erde über, gelangt in die Nahrungskette und erreicht auf diese Weise die Körperzellen des Menschen. Mit einem Anstieg der Quecksilberbelastungen ist aller Wahrscheinlichkeit nach zu rechnen. Sie wurden bislang nur im Zusammenhang mit Amalgamfüllungen der Zähne diskutiert, da man heute weiß, daß giftige Schwermetalle wie Quecksilber wichtige Steuerungsstoffe im Organismus verändern können und damit Stoffwechselstörungen auslösen. Eine solche gefährdet die Schilddrüse, verringert die allgemeine Immunabwehr und verstärkt die Anfälligkeit gegen Infektionen aller Art sowie Krebs. Die Weltjahresproduktion von Quecksilber wird auf über 10 000 Tonnen geschätzt, so daß Quecksilber eine echte Umweltbelastung darstellt, die übrigens und leider nur sehr schwer, und wenn überhaupt, nur durch besondere Bluttests erkennbar wird. Biochemiker haben darauf hingewiesen, daß die Aufnahme von Quecksilber und weiteren Schwermetallen wie Kadmium sehr unterschiedlich verläuft und vor allem davon abhängig ist, wie der

Zellhaushalt mit lebenswichtigen Nährstoffen versorgt wird und sich zur Wehr setzen kann. Eine gesicherte Mineralstofftherapie entlastet den Organismus, die Toxizität der Schwermetalle wird weitgehend blockiert. Heute weiß man auch, daß Selen dem Quecksilber als wirksamer Gegenspieler begegnet, den Zerfall von Chromosomen und tiefgreifende Zellveränderungen, die zu Zellentartungen führen können, abbremst. Neben Selen wirken das bereits mehrfach erwähnte Vitamin E sowie das Vitamin A, aber auch Kalzium, Magnesium und Zink gemeinsam einer schleichenden Schwermetallbelastung entgegen. Eine weitere Hilfe bei der natürlichen Entgiftung bieten schwefelhaltige Aminosäuren aus einem guten Eiweißangebot an. Sie balancieren die Stoffwechseltätigkeit durch den Aufbau bestimmter Enzyme aus und beschützen die Schilddrüse, deren Gefährdung durch Quecksilber und andere Schwermetalle wissenschaftlich erwiesen ist.

Selen kommt in seiner natürlichen Form – als Bestandteil der Nahrung – an eine Aminosäure gebunden vor. Weizenkeime, Vollkorn, Kleie, Mais- und Sojabohnen sind bekanntlich gute Eiweißlieferanten, und sie enthalten Selen, wenn der Ackerboden genügende Mengen davon enthielt. Eier und Milchprodukte können ebenfalls gute Selen-Quellen sein, falls das Futter der Tiere selenreich war. Da das Spurenelement in den Weltmeeren gleichmäßiger verteilt ist als in den Ackerböden, zählen Fische wie Hering, Sardellen und Thunfisch zu den zuverlässigsten Selen-Quellen. Jede eßbare Hefe enthält Selen, wenn die Kultur mit dem Spurenelement angesetzt wird. Die Hersteller weisen aber den Selen-Gehalt häufig gar nicht aus, weil sich die diätetische Bedeutung der Substanz noch nicht hinlänglich herumgesprochen hat.

Das zellschützende Selen, benannt nach der griechischen Mondgöttin Selena, wird auf Grund geologischer Bedingungen und landesüblicher Verzehrgewohnheiten in unterschiedlichen Mengen aufgenommen. Wissenschaftler der

Cleveland Clinic Foundation (USA) stellten im Jahre 1975 fest, daß Bluthochdruck, Herz-Kreislauf-Erkrankungen, frühzeitige Verengungen und Verhärtungen der Gefäße in Landesteilen mit hohem Selenanteil des Bodens und des Grundwassers sehr viel seltener auftreten. In den USA wird die durchschnittliche Selenaufnahme der Bevölkerung pro Tag mit 68 μg (Mikrogramm) angegeben. In Japan, bei bekanntlich reichlichem Verzehr von Meeresfrüchten, liegt sie bei 287 μg. Die Bewohner der Philippinen nehmen pro Tag durchschnittlich etwa 189 μg Selen auf. Für die Bundesrepublik gibt es keine derartige Statistik. Prof. Hartfiel (Bonn) wies nach, daß unsere Böden relativ selen-arm sind und unsere Nahrungsmittel nur geringe Mengen enthalten. Außerdem verzehren wir weitaus mehr Fleisch als Fisch, so daß die verläßliche Quelle fehlt.

US-Studien verglichen die Brustkrebshäufigkeit bei niedrigem und hohem Selen-Angebot und kamen zu beachtenswerten Ergebnissen. Jeweils bezogen auf 100 000 Einwohner liegt die Rate bei den Amerikanerinnen bei 22,2, auf den Philippinen bei 4,5 und in Japan bei 4,0. Außerdem wurden bei guter Selen-Versorgung deutlich weniger Fälle von Magen-, Darm-, Prostata-, Leber- und Lungenkrebs beobachtet.

- *Das Selen hat wie die geheimnisvolle Mondgöttin zwei Gesichter. Es ist lebensnotwendig und gleichzeitig in hohen Dosen giftig.*

Überhöhte Dosierungen können das Gegenteil dessen bewirken, was sie gerade verhindern sollen: sie begünstigen die Entstehung von Krebserkrankungen. So bleibt also die Frage: Welche Menge nützt und schützt, und wo liegen die Grenzen giftiger Auswirkungen? Hierzulande empfiehlt die Deutsche Gesellschaft für Ernährung wegen seiner entgiftenden Eigenschaften und positiven Stimulierung der körpereigenen Abwehrkräfte 50–100 μg Selen pro Tag. Selbst fortschrittliche internationale Ernährungsexperten gehen mit der Dosierung außerordentlich vorsichtig um. Sie halten im Mittel 150 μg pro Tag für angemessen. Legt man die tägliche Aufnahme von Selen für Japan zugrunde, so scheint diese Empfehlung von größter Vorsicht geprägt. Es scheint aber, daß im Verbund mit anderen Oxidantien diese Menge genügt, wenn sie alle regelmäßig zur Verfügung stehen. Ob diese Situation tatsächlich in der BRD gegeben ist, wage ich zu bezweifeln. Gemüse, Obst und Salat sind arm an Selen. Zwiebeln, Knoblauch, Waldpilze und Kohl bilden eine Ausnahme. Wieviel sie enthalten, ist leider nicht bekannt. Bislang gibt es keine derartigen Untersuchungen, denn das Interesse der deutschen Wissenschaftler erstreckt sich allenfalls darauf, die Grenzen der toxischen Wirkungen herauszufinden.

Es war seit Jahren ein persönliches Anliegen von langlebenden Menschen, im Eigenversuch zu klären, wo die ideal wirkende Selen-Dosierung angesiedelt sein könnte. Sie nahmen täglich 500–1000 μg Selen als Nahrungsergänzung ein und betrachten diese Menge als idealen Schutz vor giftigen Schwermetallrückständen und als vorsorgende Maßnahme gegen Alterungsprozesse der Zellen. Eine US-Untersuchung brachte im Tierversuch eine gefährliche Vergiftung erst durch drei Milligramm pro Kilogramm Körpergewicht – gegeben über einen längeren Zeitraum – zustande. Bei einem 70 Kilogramm schweren Menschen wären das vergleichsweise 210 mg Selen täglich! Das sind 1400 mal mehr als die mit äußerster Vorsicht angesetzte Höchstdosierung von 150 μg pro Tag! In jedem Fall sind 50–200 μg täglich eine hilfreiche und vorbeugende Nahrungsergänzung. Diese Menge gibt keinerlei Anlaß zur Sorge, eine toxische Dosierung mit nachhaltigen Folgen zu riskieren. Gemeinsam mit den Vitaminen A, E und C vergrößert sich der physiologische Wirkungsbereich, und die körpereigene Toleranzschwelle für das Spurenelement wird heraufgesetzt. Es empfehlen sich Selen-Gaben biologischer Herkunft wie selen-haltige Hefe oder Präparate, die auf Hefebasis hergestellt wurden. Zu wünschen bleibt, daß Hersteller den Hefekulturen Selen beigeben und den jeweiligen

Anteil ausweisen, um auf diese Weise eine Lücke zu schließen, die im gesundheitlichen Interesse aller Bundesbürger liegen dürfte.

Bio-Selen (Protecton), ein Präparat aus der Apotheke, entspricht weitgehend dem in der Nahrung enthaltenen Selen, das mit Vitamin E auf natürlicher Basis ergänzt wird.

11. Kapitel
Mit Beta-Karotin und Vitamin A gegen radioaktive Belastung

Prof. Dr. Joffrey S. Bland, führender Ernährungswissenschaftler in den USA, machte jüngst – und ein gutes Jahr nach Tschernobyl – auf die Nahrungssubstanz Beta-Karotin gegen die Auswirkungen radioaktiver Strahlung aufmerksam. Über ein Thema, das hierzulande von den Behörden und Gesundheitspolitikern vielfach verharmlost oder totgeschwiegen wird, sagt er offen: Wir können sehr wohl etwas gegen Strahlenschäden tun, wir sind nicht fatalistisch einer Situation ausgeliefert, die trotz gegenteiliger Beteuerungen Besorgnis und Verunsicherung bewirkt. Selbst wenn nach offizieller Lesart unmittelbar nach der Reaktorkatastrophe »zu keiner Zeit eine gesundheitliche Gefährdung der Bevölkerung bestand«, so wurden Böden, Gewässer und Pflanzen in weiten Teilen Europas radioaktiv kontaminiert. Mitunter lag die Belastung um das 500fache über dem »natürlichen Niveau«, und von der Internationalen Atomenergiebehörde verlautete, daß in den vor uns liegenden siebzig Jahren mit einer Zunahme der Krebserkrankungen zu rechnen sei. Da die schädigenden Einflüsse radioaktiver Strahlung die Zelle und direkt ihren empfindlichen Lebensnerv, die genetische Substanz, treffen, ist die Vorbeugung unsere reelle Chance. Nach neuen wissenschaftlichen Ergebnissen richten auch geringfügige, aber stetige niedrige Strahlendosierungen Schäden in den Urbausteinen unseres Lebens an.

Radioaktive Strahlen, sogenannte heiße Teilchen, die mittlerweile bis zu 10 cm im Boden stecken, erreichen uns über die Nahrungskette und lassen hochenergetische Molekülfragmente entstehen, von denen bereits mehrfach als Verursacher der Zellalterung und -zerstörung berichtet wurde.

Beta-Karotine zählen zu den Fängern freier Radikale, sie

sind ein wirksames Antioxidans und unterstützen das körpereigene Schutzsystem. Beta-Karotine sind die Vorstufe des Vitamins A (Retinol), die der Körper umwandelt. Das Pro-Vitamin ist in Gemüsen und Früchten mit kräftig roter, oranger und grüner Farbe wie Karotten, Paprikaschoten, Grünkohl, Broccoli, Spinat, Hagebutten, Aprikosen, Honigmelonen und allen Früchten mit gelbem Fruchtfleisch enthalten. Außerdem bieten Leber und Butter die Vorstufe und das Vitamin A in reiner Form an. Vollmilch und Eigelb sind gute Vitamin-A-Lieferanten, den Vogel schießt aber Lebertran ab. Er enthält die höchsten Anteile.

Die meisten Vitamine befinden sich in der Nahrung in der endgültigen Struktur, wie sie der Organismus benötigt. Einige von ihnen nimmt der Körper in Vorstufen auf, um sie in die endgültige Substanz umzubauen. Die moderne Medizin bevorzugt in jüngster Zeit statt der Vitamine deren Vorstufen – soweit es sie gibt – in der Vorbeugung und Therapie. Am Beispiel Vitamin A sieht das folgendermaßen aus: größere Mengen der reinen Substanz Vitamin A können toxisch wirken. Aus diesem Grunde wird vor höheren Dosen gewarnt. Die Vorstufe, das Beta-Karotin, gelangt über die Dünndarmwand und nach der Verbindung mit Gallensalzen wahrscheinlich langsamer und auch nicht in vollem Umfang in den Blutkreislauf, so daß die Gefahr einer toxisch wirkenden Aufnahme nicht gegeben ist. Die benötigte Menge wird durch biologische Prozesse nach und nach umgebaut und gelangt an die gewünschten Stellen. Die Pro-Vitamine können – wie es ein US-Wissenschaftler jüngst formulierte – »in einem positiven Sinne als biochemische trojanische Pferde betrachtet werden«.

Das Beta-Karotin in Gemüsen und Früchten befindet sich innerhalb der Zellwände, die aus Zellulose bestehen und vom Menschen nicht verdaut werden können. Die Substanz löst sich nicht in wässriger Umgebung, und das bedeutet in der Praxis: die Zellwände müssen durch Schneiden, Hacken, Kochen und Kauen aufgebrochen werden. Von einer rohen Karotte wird deshalb nur etwa ein Prozent des Pro-Vitamins aufgenommen. Dünstet man sie zu Gemüse unter der Zugabe von Fett, findet eine Absorption von 5–19 Prozent statt. Es konnte experimentell nachgewiesen werden, daß die Karotin-Aufnahme bei schonend gedünsteten Gemüsen zwischen 16 und 35 Prozent liegt. Je weicher das Gewebe der Gemüse, um so eher erreicht der Karotin-Anteil das Blut. Bei der Verabreichung durch Saft wird wahrscheinlich das gesamte Angebot aufgenommen. Er sollte allerdings unverzüglich getrunken werden, da Beta-Karotin mit Luftsauerstoff rasch oxidiert und verlorengeht. Bei unzulänglicher Versorgung mit Vitamin E vollzieht sich ein vergleichbarer Vorgang im Körper. Das aus Beta-Karotin umgewandelte Vitamin A kann durch Sauerstoff rasch zerstört werden, und der geringe Anteil ist rasch verbraucht. Wenn Sie statt Schnitzel und Aufschnitt öfter ein reichhaltiges Gemüsegericht essen, nimmt Ihr Körper Beta-Karotin auf, und es verbleibt vielleicht ein Überschuß, den die Leber speichert. Dazu ist allerdings erneut Vitamin E notwendig.

Der Körper kann zu Zeiten einer Unterversorgung auf gespeichertes Vitamin A zurückgreifen und in geringem Umfang Mängel ausgleichen. Heutzutage kann allerdings niemand genau sagen, wieviel Beta-Karotin die entsprechenden Lebensmittel tatsächlich anbieten. So wie Nitrat aus der chemischen Düngung lebenswichtige Vitamine in unserem Körper zerstört, geschieht das auch in Feldfrüchten, Gemüsen und Obst. US-Wissenschaftler vom National Cancer Institute geben zu bedenken, daß der Vitamin-A-Bedarf der Bewohner hochindustrialisierter Länder gestiegen ist. Sie regten darum weltweit an, daß »keine Bevölkerung, die dem Risiko des Krebses ausgesetzt ist, im Zustand des Vitamin-A-Mangels belassen werden dürfe«.

Zum Erfahrungsgut von Ernährungsexperten zählt, daß der Vitamin-A-Bedarf des Menschen außerordentlich variiert. Erwachsene benötigen mehr als Kinder, da die optimale Versorgung vom Körpergewicht bestimmt wird. Männer brauchen im allgemeinen also mehr als Frauen. Der Bedarf älterer Menschen steigt durch die Abnahme der biologischen Fähigkeit, Vitamine aus der Nahrung aufzunehmen und zu verwerten. Die Lebensumstände wie Schadstoffbelastung, Beanspruchung der Augen, die Jahreszeit, Eßgewohnheiten sowie die Vitamin-E-Versorgung gestalten den Vitamin-A-Bedarf unterschiedlich. Bei einer vorwiegenden Versorgung mit dem Pro-Vitamin aus Gemüsen und Früchten ist etwa die doppelte Menge notwendig, um das erforderliche Vitamin A zur Verfügung zu stellen.

Die Deutsche Gesellschaft für Ernährung empfiehlt für den Erwachsenen 5000 Internationale Einheiten bzw. 5 mg pro Tag. Prof. J. S. Bland, den ich eingangs erwähnte, rät zu 5–10 mg bzw. 5000–10 000 Internationalen Einheiten, um unter radioaktiver Belastung genügend Vitamin A als Zellschutz und Fänger freier Radikale zur Verfügung zu haben. Der Wissenschaftler hält es im Gegensatz zu deutschen Empfehlungen unter den derzeitigen Gegebenheiten auch für wünschenswert, 100 mg Vitamin E täglich zur Verfügung zu haben. Nach seiner Berechnung enthält die deutsche Durchschnittsnahrung nur etwa 10 bis höchstens 15 mg. Dieses Minderangebot kann das Vitamin A nicht schützen. Der Wissenschaftler fügt hinzu:

- *»In Zeiten stärkerer Strahlenbelastung können erhöhte Mengen von Beta-Karotin und Vitamin E eine optimale Verteidigung gegen freie Radikale darstellen.«*

Es muß offensichtlich immer erst ein solcher Wink über den großen Teich zu uns gelangen, um aufzuhorchen. Klinische Untersuchungen zeigten, daß Patienten mit Lungen-, Blasen- und Brustkrebs sowie bösartigen Veränderungen im oberen Magen-Darmtrakt nur sehr geringe Mengen Vitamin A zu sich nahmen.

Stickoxide gehören zu den ärgsten Feinden der menschlichen Atemwege und des zarten Lungengewebes. Auto- und

Industrieabgase verpesten unsere Luft und führen zum Anstieg von Bronchial- und Atemwegserkrankungen bei Menschen jeden Alters. In einer wissenschaftlichen Veröffentlichung von Dr. Kim (Tulane University) heißt es: »Als Pendler sind sie dem NO_2 periodisch ausgesetzt. Sie sind der Luftverschmutzung in der Stadt acht Stunden ausgeliefert, und dann kommen sie nach Hause zurück, wo die Luft sauberer ist. Am nächsten Morgen fahren sie wieder in die Stadt. Das Epithel (Schleimhäute in den Lungen) muß sich jedesmal wieder entsprechend erneuern.« Mit Vitamin A ist es möglich, eine bessere Anpassung an diese Umweltbedingungen zu erreichen. Dr. Kim sagt auf Grund seiner umfangreichen Studien: »Pendler, die nicht genügend Vitamin A aufnehmen, werden Schaden nehmen.«

Neben dem Schutz der Lungen wirkt sich eine befriedigende Vitamin-A-Versorgung auf alle Schleimhautauskleidungen des Körpers günstig aus. Gesunde Schleimhäute scheiden unaufhörlich eine zelldeckende Flüssigkeit ab, in der Bakterien nicht überleben können. Auf diese Weise findet ein ständiger Selbstreinigungsprozeß statt, und die Schleimhautauskleidungen der Nasennebenhöhlen, der Harnblase, der Scheide und der Nieren enthalten keine toten Zellen. Aus diesem Grunde wird das Vitamin A auch als Epithel-Schutz-Vitamin bezeichnet.

Sehr grelles Licht belastet unsere Augen, und der Verbrauch an Vitamin A steigt dadurch. Sekretärinnen, die Tag für Tag bei künstlichem Licht auf weißes Papier schauen oder am Bildschirm tätige EDV Spezialisten klagen häufig über Augenbeschwerden, die durch eine Nahrungsergänzung mit Vitamin A durchaus zu mildern sind. Ausgedehntes Fernsehen, die Arbeit in der Dunkelkammer, grelle Sonne am Urlaubsstrand, die zusätzlich vom weißen Sand reflektiert wird, bringen das Augenlicht in Gefahr, wenn Vitamin A nicht ausreichend zur Verfügung steht. Keine Situation zerstört so viel Vitamin A wie der Widerschein der Sonne auf Schnee.

Noch bevor die Augen durch Brennen, Zucken des Lidrandes, Rötungen, Bindehautentzündung, Gerstenkörner oder die Ansammlung von Sekret auf eine Vitamin-A-Unterversorgung aufmerksam machen, reagiert die Haut. In den unteren Schichten sterben Zellen, lösen sich und verstopfen Poren und Talgdrüsen. Schöne, gesunde und jugendliche Haut muß atmen können. Etwa 300 000 Talgdrüsen des ganzen Körpers benötigen freie »Ausgänge«, um Talgfett abzugeben. Sie produzieren davon etwa 2 Gramm pro Tag, das sich in einer Geschwindigkeit von 3 cm pro Sekunde über die Hautfläche verteilt. Ist dieser Vorgang gestört, trocknet die Haut, verliert ihren natürlichen Glanz und neigt zu vorzeitiger Faltenbildung und Unreinheiten. Sie juckt und wird empfänglich für Infekte und Umweltbelastungen. Auch das Haar wird trocken und glanzlos, wenn nicht genügend Beta-Karotin oder Vitamin A zur Verfügung steht, und die Fingernägel als unmittelbare »Auswüchse« der Haut spalten sich und brechen ab. Mit einer Ernährungsumstellung, die etwa zur Hälfte des täglichen Angebotes aus Beta-Karotin-haltigen Gemüsen, Salat und Obst besteht, ist dem Mangel vorzubeugen. Außerdem stehen Präparate zur Verfügung, die sowohl Beta-Karotin als auch Vitamin A enthalten.

Das Vitamin A erfüllt vielschichtige physiologische Aufgaben, so daß ein zu geringes Angebot bereits Mangelerscheinungen nach sich zieht, vom Schutz gegen radioaktive Strahlen kann in dem Fall natürlich keine Rede sein.

Zum Schutz der Augen sind BAKANASAN Augenwohl-Kapseln mit Carotin + Vitamin A aus dem neuform-Reformhaus oder Sanhelios Augen-vit Vitamin-A-Kapseln wegen ihrer vernünftigen Dosierung und dem Angebot von Weizenkeimöl (Vitamin E) aus der Apotheke und Drogerie zu empfehlen.

12. Kapitel
Jungbleiben heißt Streßbewältigung

Ist Ihrer Meinung nach der Streß eine Erfindung des späten 20. Jahrhunderts? Ich kann Sie beruhigen: Streß begleitet die Menschheit von Anbeginn. Jedoch prägte erst im Jahre 1907 der Wiener Arzt Hans Selye den Begriff Streß, der heute in aller Munde ist und zu einer Zeiterscheinung avancierte.

■ *Der Streß bewirkt eine Alarmsituation. Diese zwingt den Organismus zu bestimmten Reaktionen, Gefahren abzuwenden, schlicht gesagt, zu überleben.*

Hans Selye sah im Streß eine Schädigung des Körpers, die auf Grund von Kälte und Wärme, Angst und Bedrohung, seelischer Erregung und körperlicher Überanstrengung, Infektionen und Vergiftungen u. v. m. eintritt. Die Auslöser bewirken Alarm und veranlassen das innersekretorische Drüsensystem zur Ausschüttung von Inkreten, die auf schnellstem Wege in die Blutbahn gelangen. In einem allgemeinen Erregungszustand sondert die Nebennierenrinde das bekannte Hormon Kortison ab, und gleichzeitig findet eine Verminderung der lymphatischen Drüsentätigkeit statt, die durch Hormone des Vorderlappens der etwa kirschgroßen Hirnanhangdrüse gesteuert wird. Die Funktionstüchtigkeit des Drüsensystems gegenüber Alarmsignalen beweist die biologische Adaptions- bzw. Anpassungsfähigkeit des Körpers, sein normales Reagieren auf Stressoren. Soweit besitzt der Streß kein negatives, sondern vielmehr ein positives Gesicht. Er trainiert Abwehr- und Reaktionsmechanismen, die unsere Überlebensfähigkeit unter Beweis stellen und uns robust und widerstandsfähig machen. Erst eine verbrauchte körpereigene Widerstandsfähigkeit, die dem Überdruck der Streßbelastung wenig entgegenzusetzen weiß, begünstigt Nervosität, Ermüdung, Leistungsabfall und eine Vielzahl psychophysischer Fehlreaktionen.

Der Körper ist auch nicht mehr in der Lage, mit Bakterien, Viren und Umweltgiften ordnungsgemäß fertigzuwerden. Ohne Gegensteuerung, sprich Streßabbau, rutscht der Organismus förmlich in Krankheiten hinein. Unter diesem Blickwinkel betrachtet, sind körperlich-seelische Erkrankungen als Antwort auf unbewältigte Anstrengungen in Streßsituationen anzusehen. An diesem Punkt treffen sich die Anschauungen des Hippokrates und der Pathologie unseres Zeitalters: Erkrankungen entstehen auf der Basis unbewältigter Anstrengungen.

Im Verlaufe der Menschheitsentwicklung haben sich weniger der Streß als die Stressoren verändert. Jedoch reagiert unser Körper nach bewährten und seit Jahrtausenden erprobten Regeln. Stand ein Urmensch z. B. wehrlos einem Mammut gegenüber, mußte er, um sein Leben zu retten, in Blitzesschnelle seine Körperkräfte mobilisieren, um sich in Sicherheit zu bringen. Dazu war in erster Linie ein gehöriger Adrenalinstoß vonnöten. Die Mobilisierung aller verfügbaren Kräfte wird durch den raschen Abbau von Zuckerreserven, der wiederum durch die Ausschüttung des Hormons Adrenalin stattfindet, bewerkstelligt. Der Blutdruck, der Herzschlag und die sogenannte Tonuslage des vegetativen Nervensystems benötigen eine Aktivierung. Heute finden diese Erregungszustände bereits statt, wenn der Steuerbescheid ins Haus flattert, der Jüngste eine Fünf in Latein beichtet oder das Flugzeug ohne uns abhebt. Der Urmensch verbrauchte seine körperlichen Reserven für die Flucht vor der Bedrohung. Absolute Erschöpfung war die Folge, Schlaf und Nahrungsaufnahme wurden zur Notwendigkeit, ein gesundes Abreagieren fand statt. Heute ißt die gestreßte Mutter zur Beruhigung ein Stück Torte, der gestreßte Angestellte stemmt nicht etwa seinen Schreibtisch in die Höhe, sondern er trinkt in der Kneipe um die Ecke Schnaps und Bier und qualmt eine

Zigarette nach der anderen. Ein ausgiebiger Spaziergang, sportliche Betätigung, Gartenarbeit oder Fensterputzen würden den erforderlichen Ausgleich zwischen Streß bzw. Adrenalinstoß und notwendiger Ruhe leichter und normaler schaffen. Statt dessen erhalten wir uns, mangels körperlicher Bewegung und durch ein zusätzliches Nahrungs- und Genußmittelangebot, die Streßlage, ja wir vergrößern sie sogar durch unsere zivilisationsbedingten Begebenheiten. Wir reagieren mit einem typischen Zivilisationssyndrom, das sich durch Gereiztheit, Konzentrationsschwäche, Stimmungsschwankungen, Schlafstörungen und allgemeines Mißbehagen zeigen kann. Außerdem stellen sich zumeist unbemerkt Fehlsteuerungen des innersekretorischen Drüsensystems ein. Die Schilddrüse antwortet mit stoffwechselbedingten Beeinträchtigungen, und die Bauchspeicheldrüsenfunktion gerät aus der Balance. Die Veränderungen im Hormonhaushalt können unter anderem Zyklusstörungen der Frau und Potenzeinbußen des Mannes hervorrufen. Soweit »stress«, nach der englischen Übersetzung »Beanspruchung« und »Anstrengung«, zur Bedrückung wird, spricht man von Disstreß, der negativen Form der Belastung. Die positive Seite, der Eustreß, hebt dagegen das Lebensgefühl an und beflügelt die Leistungsfähigkeit.

Anhaltender Disstreß zählt zu den Hauptverursachern vorzeitiger Alterungsprozesse, so daß die bewußte Minderung bedrückender Streßlagen der Dreh- und Angelpunkt ist, die vitalen Jahre des Lebens deutlich zu verlängern. Negativstreß begünstigt die Ausbildung aggressiver Molekülteilchen, führt zur Erschöpfung der Abwehrkräfte, die Zellen leiden unter Nährstoffmangel, die dringende Regeneration erfolgt mangelhaft, und Infektionen durch Viren und Bakterien haben ein leichtes Spiel. Negativstreß regt über die Nebenniere zur verstärkten Ausschüttung von Korticosteroiden an, die wiederum die Kalium-Natriumbalance des Herzmuskels stören und zu Herzattacken führen, die im Infarkt enden können. Negativstreß läßt den Blutdruck ansteigen und fordert damit eine Anhebung der Pumpfrequenz des strapazierten Lebensmotors. Aufregungen und Ängste versetzen den gesamten Organismus in eine unangenehme Streßlage, während das Bemühen um Ruhe, Gelassenheit und Heiterkeit den psychophysischen Bedrückungen eine belastbare Barriere entgegensetzen. Ein ausgedehnter Spaziergang, Entspannungs- und Atemübungen, Meditation, Yoga, Biofeedback und Gespräche tragen dazu bei, die gewünschte Ruhe wiederzufinden und die Sorgen von übermorgen nicht zu quälenden Ängsten von heute werden zu lassen. Jeder muß selber herausfinden, was gerade ihm hilft. Da braucht jemand die Abkehr von der Hektik seines Alltags und versenkt sich in sich selbst. Ein anderer findet Entspannung beim Tanz oder Musizieren in der Gruppe. Eines ist ganz wichtig: Meiden Sie in Streßsituationen den Genuß von Alkohol! Die Alltagsdroge schafft lediglich eine Pseudo-Ruhigstellung, verstärkt aber die toxische Situation in den Organen und strapaziert das Gehirn mit Stoffwechselschlacken, die zusätzlichen Streß initiieren. Ihre Unruhe und Ängste werden nur hinausgeschoben, um Sie danach mit aller Macht und verstärkt einzuholen. Das gleiche gilt für sedierende und aufhellende Medikamente, die Sie sich selber verordnen. Diese überdecken Symptome wie Unruhe, Angst und Überdruß sowie die Sorge, nicht mithalten zu können, und stürzen Sie unter Umständen in die Abhängigkeit von Seelentröstern aus der Retorte. Aufregungen, Ängste und Negativstreß verursachen nach uraltem Mechanismus auch Appetit. Man tut sich mit Leckerem Gutes, um Spannungen zu überbrücken, und erreicht damit letztendlich nur, daß die Pfunde zunehmen und nicht Gelassenheit und Ruhe. Ich vermute, daß eine Vielzahl derjenigen, die Übergewicht mit sich herumschleppen, psychische Probleme haben. Der Hunger der Seele nach Anerkennung, Geborgenheit, Liebe und Selbstvertrauen wird mit Hochkarätigem aus Küche und Keller gestillt. Durch die Ansammlung von Rettungsringen sackt das Selbstvertrauen mehr und mehr in den Keller, und erneuter Disstreß entsteht, weil man sich selber überhaupt nicht mehr mag. Streßabbau ist aber auch über eine vernünftig zusammengestellte Nahrung möglich, denn einige unserer lebenswichtigen Nährstoffe sind tatsächlich wirksame Stoßdämpfer gegen Unruhe und Ängste, die das Altern beschleunigen.

13. Kapitel
Die B-Vitamine – Stoßdämpfer gegen den Streß

Die B-Vitamine richten sich gezielt gegen Streßbelastungen, insbesondere dann, wenn sie in einem lückenlosen Angebot zur Verfügung stehen. Sie wirken alle gemeinsam und ergänzen sich untereinander bei einer Vielzahl von Körperfunktionen. Die Gruppe der B-Vitamine wirkt in allen lebenden Zellen katalytisch, aktivierend und beschleunigend.

Vitamin B_1: Schon eine geringe Unterversorgung mit Vitamin B_1 (Thiamin) bewirkt eine verminderte Gedächtnisleistung, Gereiztheit, depressive Verstimmung, mangelnden Schwung und die Unfähigkeit, sich trotz aller Anstrengung zu konzentrieren. Diese Symptome werden häufig als Neurose oder altersbedingte Verschleißerscheinung diagnostiziert. Schließlich weiß der Hausarzt in den wenigsten Fällen, ob der Betroffene tatsächlich unter bedrückenden Stressoren oder lediglich an einer Unterversorgung mit Vitamin B_1 leidet.

Im Rahmen einer klinischen Studie wurden zwanzig Personen, die unter neurotischen Spannungszuständen, innerer Unruhe, Schlaflosigkeit und Veränderungen der Persönlichkeitsstruktur litten, mit B-Vitaminen versorgt, wobei das Vitamin B_1 besonders berücksichtigt wurde. Die Wissenschaftler stellten zu ihrer Freude fest, daß alle zwanzig Patienten erhebliche Linderung oder gar Beseitigung ihrer Symptome bemerkten. Die beteiligten Personen zeigten sich sehr verärgert, daß ihnen zuvor kein Arzt gesagt hatte, welcher Ernährungsmangel bei ihnen bestand, und alle verabreichten Medikamente keine Linderung gebracht hatten. Da eine Unterversorgung mit Vitamin B_1 rasch zu Fehlleistungen der Gehirntätigkeit führt, zählt eine gute Versorgung zu den entscheidenden Maßnahmen, jung zu bleiben und die Funktionstüchtigkeit der Gehirnnervenzellen zu erhalten. Die verfrühte Senilität steht in einem wissenschaftlich untermauerten Bezug zu mangelhafter Vitamin-B_1-Versorgung. Die Erkenntnis beruht auf der Tatsache, daß neben dem unzulänglichen Angebot eine optimale Nutzung des Thiamins mit zunehmenden Lebensjahren nachläßt. Zur Erhaltung geistiger Frische sollte die Aufnahme nicht nur gesichert, sondern angehoben werden. Wissenschaftler des medizinischen Zentrums der Universität von Alabama in Birmingham stellten bei Herz-Kreislauf-Patienten eine Unterversorgung mit Vitamin B_1 fest. Thiamin ist also für die Erhaltung einer gesunden Herztätigkeit unbedingt erforderlich! Es liegt nahe, daß der überreichliche Verzehr von Weißmehlprodukten zum Anstieg der Herz-Kreislauf-Erkrankungen wesentlich beiträgt. US-Wissenschaftler stellten einen deutlich geminderten Thiamin-Gehalt im Herzmuskel von Patienten fest, die an Herzversagen verstorben waren.

Vitamin B_1 wird für die Umwandlung von Kohlenhydraten in Energie benötigt. Dieser Prozeß ist zur Aufrechterhaltung aller Körperfunktionen von elementarer Bedeutung. Bei diesem biochemischen Prozeß bilden sich die Substanzen Milchsäure und Brenztraubensäure. Fehlt es an Vitamin B_1, stauen sich diese Säuren im Organismus, d. h. in den Geweben, im Blut, im Herzmuskel und im Gehirn, und die Reaktionen der Nerven sind empfindlich gestört.

Der weitverbreitete Vitamin-B_1-Mangel beruht auf der Unwissenheit, die richtigen Nahrungsmittel auszuwählen. Dazu zählen Weizenkeime, Vollkornprodukte, Hülsenfrüchte, Naturreis, Bierhefe und Leber. Hand aufs Herz, essen Sie täglich mindestens ein Lebensmittel aus dieser Gruppe?

Die übermäßige Aufnahme leerer Kalorien durch Feinmehlprodukte, Haushaltszucker, gesüßte Getränke und auch Alkohol kann ihren Thiamin-Stoffwechsel kurzerhand mattsetzen, denn diese Nahrungsmittel bieten nur minimale Mengen des Vitamins B_1 an, benötigen dagegen aber ein reichliches Angebot von Vitamin B_1, um diese Lebensmittel umzusetzen und abzubauen. Beim Verzehr naturbelassener Lebensmittel tritt das Problem nicht auf, da die Kohlenhydrate von Frischkornmüsli und anderen Vollkornerzeugnissen sowie Naturreis viel Thiamin anbieten.

Ein überhöhter Kaffeegenuß raubt das geringfügige Vitamin-B_1-Angebot zusätzlich aus. Neue Forschungsergebnisse zeigten auf, daß der Chlorgehalt im Trinkwasser ein Vitamin-B-Räuber besonderer Art ist. Wissenschaftler kochten Naturreisproben in destilliertem und gechlortem Wasser und stellten fest, daß der im gechlorten Wasser gegarte 36 Prozent weniger Vitamin B_1 enthielt als der andere.

Vitamin-B_1-Mangel muß aber nicht sein! Essen Sie täglich Vollkornprodukte, ein bis zweimal im Monat ein Lebergericht, und wenn Sie meinen, nicht genug dieses wertvollen Vitamins zu erhalten oder Ihre Ernährungsgewohnheiten, aus welchen Gründen auch immer, nicht umstellen können, so gibt es Präparate in ausgewogener Dosierung als Kostergänzung. Tagesbedarf: 1,2–1,3 mg.

Vitamin B_2: Das Riboflavin oder Vitamin B_2 ist in Milch, Molke, Hefe, Getreidekeimen, grünen Gemüsen, Leber und Nieren sowie im Bier enthalten. Der Organismus benötigt Vitamin B_2 für die Umwandlung von Zucker und Stärke in Energie, und um gemeinsam mit Phosphor und Aminosäuren den Aufbau von mindestens fünf stoffwechselaktiven Enzymen einzuleiten. Fehlt die Nahrungssubstanz, kommt es zu Entzündungen der Haut, rissigen Lippen, einer unnatürlich geröteten Zunge und Veränderungen der Mundschleimhaut. Das unkontrollierbare Zittern der Augenlider, Muskelschwäche und geistige Teilnahmslosigkeit können durch Vitamin-B_2-Mangel hervorgerufen werden. Die Augen reagieren mit Bindehautentzündung, Lichtempfindlichkeit, Pupillenerweiterung und verstärkter Flüssigkeitsabsonderung. Als untrügerisches Anzeichen einer Vitamin-B_2-Unterversorgung gelten eingerissene Mundwinkel und vorzeitig sichtbare, senkrecht vom Mund aufsteigende Falten. Eine gute Vitamin-B_2-Versorgung dagegen fördert die Zellatmung, und neue Forschungsergebnisse erhärten die Vermutung, daß Eisenpräparate im Verbund mit Vitamin B_2 die Blutbildung begünstigen. Der Vitalstoff ist für die Gehirnfunktion außerordentlich wichtig, da einige Steuerungsstoffe auf Riboflavin angewiesen sind. Ein Eßlöffel Bierhefe enthält ca. 0,34 mg Vitamin B_2. Verwenden Sie deshalb Bierhefe zum Backen und Kochen, und essen Sie Vollkornprodukte, Käse, Quark, Paprika und ein- bis zweimal im Monat Innereien. Ein Erwachsener braucht pro Tag 3–5 mg Vitamin B_2. Nach US-Studien steigt der Bedarf durch ein überhöhtes Eiweißangebot. Das Vitamin E bewahrt Riboflavin vor der raschen Zerstörung durch Oxidationsprozesse.

Vitamin B_3: Die geistig-seelische Ausgewogenheit wird durch den Vitalstoff kräftig unterstützt. Das Vitamin B_3 steht in zwei Formen als Nicotinamid und Nicotinsäure zur Verfügung (mit Nikotin im üblichen Sinne haben sie nichts zu tun). Das Nicotinamid wird seit geraumer Zeit als Beruhigungsmittel verwendet und von Schweizer Experten in seiner Wirkung dem Valium gleichgesetzt. Allerdings besitzt der biologische Nährstoff selbst in höherer Dosierung keine gesundheitsschädigenden Nebenwirkungen.

Etwa vierzig biochemische Abläufe unseres Körpers benötigen Nicotinamid. Sie betreffen die Gesundheit der Haut und des Haars, die biologischen Funktionen von Magen und Darm, der Schilddrüse, Nebennieren und Keimdrüsen sowie den Eiweiß- und Fettstoffwechsel. Die Leber verfügt über eine reichliche Ausstattung mit Vitamin B_3, die allerdings durch Alkoholmißbrauch und tägliche Medikamenteneinnahme drastisch gemindert wird. Infolge unzulänglicher Vitamin-B_3-Versorgung kann es zu Nervosität, Kopfschmerz und Nervenentzündungen, Übergewicht trotz verringerter Nahrungsaufnahme, Depressionen, unregelmäßigem Herzschlag und Gedächtnisschwäche kommen.

Wenn Sie mageres Fleisch, Hefe, Thunfisch und andere magere Fischsorten, Naturreis, Vollweizenprodukte, Sonnenblumenkerne und Avocados verzehren, sollte der tägliche Mindestbedarf von Erwachsenen mit 15–20 mg gedeckt sein. Ernährungsexperten raten allerdings zu 20–30 mg, um streßbedingten Verdauungsstörungen, Angstzuständen und Stimmungsschwankungen vorzubeugen oder diese zu lindern. Höhere Gaben unter klinischer Kontrolle mildern den Suchtdruck bei Alkohol- und Drogenentzug. Die besten Erfolge wurden in Gemeinsamkeit mit Vitamin C erzielt, so daß die Einnahme von Psychopharmaka gesenkt werden konnte. Das Vitamin B_3 gilt nicht nur als aufmunternde, beruhigende und ausgleichende Substanz, es kann in Form der Nicotinsäure den Cholesterin- und Fettgehalt des Blutes kontrollieren, Ablagerungen an den Gefäßwänden lösen und die gefährliche Verklumpung von Blutplättchen verhindern. Da vorzeitige Alterungserscheinungen vielfach als Folge einer unzureichenden Durchblutung entstehen, lassen sich Vergeßlichkeit, Furchtsamkeit und Schlafstörungen durch eine Verbesserung der Vitamin-B_3-Versorgung auch ohne Medikamente mildern. Halten Sie sich an den Rat des New Yorker Psychiaters Dr. Nexbold: »Menschen, die sich abgeschlafft und niedergeschlagen fühlen, geht es mit Nicotinsäure besser, und angespannten, nervösen Menschen tut Nicotinamid gut.«

Beide Substanzen sind wie alle B-Vitamine wasserlöslich, und der Körper verfügt über keine Speicherfähigkeit. Die Versorgung muß kontinuierlich erfolgen.

Ich möchte Sie hier aber vor überhöhten Erwartungen warnen, die darauf hinauslaufen, daß mit der zusätzlichen Einnahme von Vitamin B_3 alle nervösen Spannungen und Verdrießlichkeiten rasch vergessen sind. Ihr geistig seelisches Wohlbefinden wird in erster Linie durch Bewegung in frischer Luft und weitgehenden Verzicht auf Genußgifte und unnötige Medikamente unterstützt. Erst dann greift das ordnende Prinzip der B_3-Vitamine nachhaltig und stetig.

Vitamin B_6: Zahlreiche Vitaminforscher und Ernährungsexperten halten das Pyridoxin (Vitamin B_6) für eine außerordentlich wichtige Nahrungssubstanz, da seine Aufgabengebiete sehr breit gefächert sind. Der Fett- und Kohlenhydratstoffwechsel sowie der Aufbau von Eiweißbausteinen wird durch Vitamin B_6 aktiv unterstützt. Ein ausgewogenes Angebot begünstigt die Entgiftungsarbeit der Leber, mobilisiert die Abwehrfähigkeit und steigert und erhält die Potenz. Das Pyridoxin erweist sich auch als unverzichtbarer Vitalstoff für den weiblichen Körper, besonders wenn die Pille, die den Vitamin-B_6-Haushalt ausraubt, eingenommen wird. Ist das Angebot deutlich gemindert, kommt es zu Wasseransammlungen in den Geweben, lästiger Gewichtszunahme sowie zu Spannungszuständen und Stimmungsschwankungen. Weitere Anzeichen einer Vitamin-B_6-Unterversorgung zeigen sich durch Ausschläge auf der Kopfhaut und im Augenbrauenbereich, durch Ohrensausen und Schreckhaftigkeit, unkontrollierbares Muskelzucken, insbesondere vor dem Einschlafen, Überreizung und Nervosität sowie Gefühllosigkeit in Fingern und Zehen.

Vollkorngetreide, Naturreis, Hülsenfrüchte, Rindsleber und Hering bieten Vitamin B_6 an. In hocherhitzter Milch, Auszugsmehlen und selbst in Gemüsen und Obst ist der Vitalstoff kaum nachweisbar. Beim Ausmahlen des Getreides werden bis zu 80 Prozent des Vitamin-B_6-Gehalts zerstört, und der Schnellkochreis enthält nur noch 7 Prozent seines ursprünglichen Anteils. Vitamin B_6 kontrolliert den Magnesiumhaushalt von Muskeln und Geweben, aktiviert die Bildung roter Blutkörperchen, bewahrt die Schutzschicht um die Nervenfasern und ist am ordnungsgemäßen Abbau essentieller Fettsäuren beteiligt. Ein Fettverzehr von mehr als 80–90 Gramm pro Tag erfordert die Anhebung des Vitamin-B_6-Angebots.

Die Fachzeitschrift »Vitamins in Medicine« berichtete, daß der Arterienverkalkung und Parkinsonschen Krankheit (Schüttellähmung), Nervenentzündungen und Muskelschwund mit Vitamin B_6 nicht nur wirksam vorgebeugt wird, sondern zusätzliche Gaben Heilung und Linderung erzielen. 50 mg Vitamin B_6 in Verbindung mit einem Eßlöffel Pflanzenöl, zum Anmachen der Frischkost, haben sich als cholesterinsenkend erwiesen.

Eine gute Vitamin-E-Versorgung beschützt das Vitamin B_6 und die ungesättigten Fettsäuren vor der Zerstörung durch Sauerstoff. Der tägliche Mindestbedarf des Erwachsenen wird mit 1,8–2,1 mg angegeben. US-Wissenschaftler raten bei Mangelzuständen zu einer kurzfristigen Versorgung mit der 10–100fachen Menge.

Ehe Sie zu entwässernden Präparaten greifen, sollte unbedingt Vitamin B_6 das Mittel der Wahl sein. Die Wasserausscheidung erfolgt auf biologische Weise durch einen Nährstoff, den der Körper benötigt. Stellen Sie Ihren Ernährungsfahrplan unbedingt auf Vollkornprodukte um. Sie fühlen sich ausgewogener, belastbarer, und der Unternehmungsgeist wird deutlich angehoben. Bei Mangelzuständen steht Vitamin B_6 als Monopräparat oder als Bestandteil des gesamten B-Komplexes zur Verfügung.

Vitamin B_{12}: Während die meisten Vitamine des B-Komplexes durch Getreidekeime, Naturreis und Hefe angeboten werden, befindet sich das Vitamin B_{12} (Cyanokomplex) ausschließlich in Nahrungsmitteln tierischen Ursprungs. Das sind alle Fleischsorten, Innereien, Käse, Milch und Eier. Wer sich vegetarisch ernährt und selbst auf Milch und Eier verzichtet, erhält zuwenig Vitamin B_{12}, so daß eine Nahrungsergänzung unbedingt beachtet werden sollte.

Die Folgen eines Vitamin-B_{12}-Mangels sind schwere Blutarmut (Reifungsstörungen der roten Blutkörperchen), Koordinationsschwierigkeiten, depressive Verstimmung, Energielosigkeit, Antriebsschwäche und Menstruationsbeschwerden. Das Vitamin B_{12} hat sich bei der Linderung von Streßbelastungen und Erschöpfungszuständen als sehr wirksam erwiesen. Der Vitalstoff stellt einen wichtigen Wachstumsfaktor dar, der zum Aufbau von Eiweißsubstanzen und der Erhaltung von Gehirnfunktionen unerläßlich ist.

Vitamin-B_{12}-Räuber sind in erster Linie der Alkohol sowie Barbiturate und östrogenhaltige Medikamente. Eine ausreichende Versorgung bewahrt nach Operationen und Erkrankungen vor Schwächezuständen und langen Erholungszeiten. Vitamin B_{12} fördert die Zellneubildung, beschützt die Nervenhüllen und -fasern und unterstützt die Funktionstüchtigkeit der Leber. Die günstige Wirkung bei entzündlichen Gelenk- und Gewebeerkrankungen sowie Asthma wurde von Wissenschaftlern mehrfach betont. Für ein strapazierfähiges Nervenkostüm ist Vitamin B_{12} unerläßlich, zumal die körpereigene Aufnahmefähigkeit mit den Jahren langsam abnimmt.

Die Deutsche Gesellschaft für Ernährung empfiehlt für den Erwachsenen 3–5 μg (Mikrogramm = 1 millionstel Gramm) pro Tag. Das Vitamin wird in Tablettenform angeboten und kann in höherer Dosierung Erschöpfungen lindern, die Energieleistung beleben und durch Müdigkeit hervorgerufene Impotenz beheben. Schwerwiegende Ausfallerscheinungen sind durch Injektionen zu bessern, da diese im Organismus rasch aufgenommen werden. US-Ernährungsexperten empfehlen strengen Vegetariern Zulagen von 50 μg pro Woche, um einem Mangel gezielt vorzubeugen.

Folsäure: Die Bezeichnung Folsäure ist heute für den Vitalstoff gebräuchlich, der früher als Vitamin B_9 bezeichnet wurde. Die Folsäure ist als Kofaktor der B-Vitamine zu verstehen. Der Begriff leitet sich von Foliage (Laub oder Blatt) ab. Spinat, Rosen- und Blumenkohl, Broccoli sowie Weizenkeime, Sojabohnen, Hefe und Leber bieten Folsäure an, die im Nervensystem und Rückenmark zur Wirkung gelangt. Da Folsäure bei ausgedehnten Kochprozessen nahezu vollkommen zerstört wird, Licht und Luftsauerstoff die Substanz zu erheblichen Anteilen vernichtet, zählt Folsäure zu den »kritischen Nährstoffen«.

Ein Mangel führt zu Blutarmut, Müdigkeit und Schwindelzuständen, fahler Haut und braun gefleckter Pigmentierung. Eine erdbeerrote Zunge mit einer verringerten Anzahl der Geschmacksknospen sowie Schleimhautveränderungen der Mundhöhle und des Magen-Darmtraktes, vorzeitige Glatzenbildung und eine Verringerung der Anzahl von Spermien zählen zu den Auswirkungen einer Folsäureunterversorgung. Wissenschaftliche Untersuchungen ergaben, daß Depressionen und Antriebsschwäche durch die Anhebung des Folsäureangebotes ebenso zu bessern sind, wie Muskelschwäche und nervöse Beinleiden. Folsäure wird zur Blutbildung benötigt, sie unterstützt das Immunsystem durch die Anregung zum Aufbau von Antikörpern, beschleunigt Heilungsprozesse und bewahrt vor Salzsäuremangel des Magens. Sie wirkt bei allen aktiven Teilungen der Körperzellen mit, und ohne den Wachstumsinitiator Folsäure entwickelt sich weder ein kräftiger Fingernagel noch ein gesundes Haar.

Der US-Arzt Dr. Leevy hat die bemerkenswerte Erkenntnis publiziert, daß seiner Meinung nach 45 Prozent aller Krankenhauspatienten unter Folsäuremangel leiden und diese Unterversorgung häufiger sei als bei allen anderen Vitaminen.

Essen Sie daher unter Verzicht auf das übliche Stück Fleisch öfter eine bunte, knackig frische Gemüsemahlzeit. Das »Grünzeug« behält seine Folsäure, wenn es unter Zusatz von wenig Fett und möglichst im eigenen Saft kurzfristig und wertschonend gedünstet und nicht zu einem unansehnlichen Brei verkocht wird. Halten Sie es mit der neuen Deutschen Vollwertküche: sie bringt knackiges Gemüse auf den Tisch, verwöhnt den Gaumen und hält gesund. Der tägliche Folsäurebedarf eines Erwachsenen wird auf 4 mg geschätzt. Eine Nahrungsergänzung ist durch Präparate möglich.

Pantothensäure: Pantothen ist aus dem Griechischen und bedeutet: von allen Seiten. Dementsprechend sollte die Nahrungssubstanz auch zur Verfügung stehen. Das volle Korn, Hefe, Leber und Nieren, Eigelb und Milch sowie mageres

Fleisch und grünes Gemüse bieten Pantothensäure an. Die empfindliche, wasserlösliche Substanz scheint aber in unserer denaturierten Kost in einem Maße reduziert zu sein, daß wir nicht mehr genügend davon erhalten. Tiefgekühltes Gemüse verliert etwa 37–57 Prozent, Dosengemüse wird um 46–78 Prozent und ausgemahlenes Mehl bis zu 74 Prozent seines Pantothensäureanteils beraubt. In einer Rede vor der 59. Jahresversammlung der »Federation of the American Societies for Experimental Biology« in Atlantic City erklärte Dr. K. Pietrzik im April 1975, daß eine Nahrung, die eine 25prozentige Pantothen-Unterversorgung aufweist, zu Schädigungen des zentralen Nervensystems bereits im Verlauf von sechs Monaten führen kann. Amerikanische Strafgefangene unterzogen sich freiwillig einem Pantothensäuremangel. Die Wirkungen zeigten sich durch Herzjagen, Muskelschwäche, Zittern der Hände, Schwindel, Müdigkeit, Kopfschmerzen und Infektionsanfälligkeit. Außerdem wurden die Männer außerordentlich reizbar, streitsüchtig und depressiv.

Ohne Hilfe der Pantothensäure kann der menschliche Organismus weder Fett noch Zucker in Energie umwandeln. Eine Unterversorgung zieht die normale Nebennierenfunktion in Mitleidenschaft. Die körpereigene Kortisonproduktion und die weiterer Hormone wird stark in Mitleidenschaft gezogen. Bei Streßbelastungen aller Art wird mehr Kortison benötigt. Das heißt: jeder Streß erfordert die Bildung von Nebennierenrindenhormonen und gleichzeitig das Vorhandensein von Pantothensäure. Wissenschaftliche Untersuchungen ergaben, daß bei ausreichender Versorgung mit diesem Vitalstoff Alterungsprozesse deutlich zu verlangsamen sind. Neben der Antistreßwirkung besitzt die Pantothensäure einen wirksamen Schutzfaktor gegen Strahlenbelastung. Die Deutsche Gesellschaft für Ernährung empfiehlt 9–11 mg pro Tag für den Erwachsenen. Fühlen Sie sich dagegen übermäßig gestreßt, ausgelaugt und elend, kann die fünffache Menge pro Hauptmahlzeit angezeigt sein. Bessert sich Ihr Befinden, sollten Sie die Nahrungsergänzung reduzieren. Bei amerikanischen klinischen Streßforschungsprojekten erhielten die Testpersonen 10 000 mg Pantothensäure pro Tag, und es wurden nur positive Reaktionen verzeichnet.

Biotin: An sich sollte uns die Biotinversorgung keine Schwierigkeiten bereiten, da nur sehr niedrige Werte von 3–5 μg täglich benötigt werden und die Darmflora die körpereigene Synthese übernimmt. Wie kann es also zu einem Biotinmangel kommen? Und wie ist er erkennbar? Bei Versuchspersonen wurde durch den Verzehr einer halben Tasse Eiweißpulver – bei ausgewogener vollwertiger Ernährung – ein Biotinmangel erzeugt. Die Haut schuppte sich und trocknete aus, es zeigten sich Entzündungen und Ekzeme, das Haar fiel büschelweise aus, und außerdem zeigten sich Herzbeschwerden sowie Depressionen, Muskelschmerz und Übelkeit. Erhielten die Versuchspersonen Biotin, waren die Symptome rasch verschwunden. Hierzulande gilt Biotin als nicht ausreichend erforscht. US-Wissenschaftler kamen zu der Überzeugung, daß die Darmbakterien erst im Endabschnitt des Darms in der Lage sind, genügend Biotin herzustellen. Hier ist allerdings die Absorption fragwürdig, zumal Antibiotika und andere Medikamente sowie schwefelhaltige Substanzen die Darmflora weitgehend außer Gefecht setzen können. Wir sollten uns darum lieber auf Biotin verlassen, das uns durch die Nahrung zur Verfügung steht. Als Quellen zählen Reiskleie, Sojabohnen, Gemüse, Hefe und Leber. Der tägliche Bedarf wird mit 150–200 mg angegeben.

Inosit: Dieser Kofaktor des B-Komplexes ist seit 1850 als Ernährungssubstanz bekannt, fand aber das Interesse von Ernährungsexperten erst in jüngster Vergangenheit. Das Inosit befindet sich in den Zellen des Blutes, der Lunge, des Herzens, der Leber, des Mutterkuchens und in Geweben und Körperflüssigkeiten. In der Natur wird der Vitalstoff reichlich durch Weizenkeime, Melasse, Grapefruit, Kohlrüben und Leber angeboten. Inosit ist eine fettlösliche Substanz des

Lecithins, die als Schutzschicht für unsere Nervenfasern von großer Bedeutung ist. Es beugt der Entwicklung einer Fettleber vor und ist an der Senkung und Normalisierung des Cholesterinspiegels beteiligt. Ebenso scheint der Vitalstoff die Folgeerscheinungen der Zuckerkrankheit zu mildern, die sich durch schmerzhafte Nervenstörungen und Impotenz zeigen. Besonders reich an Inosit ist reines Lecithin, das täglich von der Leber produziert wird. Mit zunehmendem Lebensalter kann sich der körpereigene Aufbau verringern, so daß eine zusätzliche Versorgung dem Nervenkostüm gut tut. Wer täglich mehr als vier Tassen Kaffee oder die entsprechende Menge colahaltiger Getränke zu sich nimmt, hat einen erhöhten Inositbedarf. Das tägliche Angebot sollte 1–3 Gramm betragen.

Cholin: Seit über hundert Jahren ist die organische Base Cholin der Wissenschaft bekannt. Sie wirkt sich begünstigend auf normale Gehirnfunktionen, insbesondere die Gedächtnisleistung aus. Der Nährstoff befindet sich in der Gallenflüssigkeit und ist damit eine wichtige Substanz des Fettstoffwechsels, die den Cholesterinanteil des Blutes kontrolliert. Der Organismus kann mit Hilfe lebenswichtiger Aminosäuren – insbesondere des Methionins – Cholin aufbauen. Diese Synthese setzt aber ein komplettes Eiweißangebot voraus. Gleichzeitig sind Vitamin B_{12} und Folsäure erforderlich, damit die Cholinproduktion erfolgen kann. Der Bedarf eines Erwachsenen wird mit 1,5–4,5 mg pro Tag angegeben.

Da die Aminosäure Methionin sowohl für den gesamten Eiweißaufbau als auch für die Entschärfung freier Radikale benötigt wird, sollte Cholin durch das Nahrungsangebot zur Verfügung stehen, damit der Methioninanteil nicht geschmälert wird. Gute Cholin-Quellen sind Weizenkeime, Eidotter, Nieren und Hirn sowie Lecithin. Spinat, Karotten, Spargel und Kohlgemüse enthalten ebenso den unentbehrlichen Nährstoff. Cholin wirkt als aktiver Schutz der Leber und kann sogar bösartigen Zellveränderungen vorbeugen. Angesichts der Überlastung der Leber durch die normalen Entgiftungsvorgänge sowie die zusätzlichen Anforderungen durch Umweltgifte wird Cholin zu einer bemerkenswerten Substanz.

Aus Cholin stellt der Körper das sogenannte Acetylcholin, eine für die Gedächtnisfunktion unentbehrliche Substanz, her. Durch zusätzliche Cholingaben können die Gedächtnisleistung, das Konzentrationsvermögen und die gesamten Gehirnfunktionen in jedem Lebensalter verbessert werden. Ein überhöhter Cholesterinspiegel (ab 200 mg bezogen auf 100 Kubikzentimeter Blut) ist vielfach mit vollwertiger Ernährung bei Einschränkung der Fettzufuhr auf 80–90 Gramm täglich und einem ausreichenden Angebot von Cholin und weiteren Substanzen des Vitamin-B-Komplexes zu korrigieren. Fehlen die regulierenden Wirkstoffe, klumpt das Cholesterin zu größeren Einheiten zusammen, wird vom Blutstrom nicht mehr mitgenommen und lagert sich ab. Klinische Versuche in den USA bewiesen, daß durch die Gabe von Cholin Herzbeschwerden, Atemnot, Durchblutungsstörungen und sexuelles Desinteresse einem allgemeinen Wohlbefinden wichen.

Selbst wenn Ihr Cholesterin-Blutserumspiegel unter 200 mg abgesunken sein sollte, betreiben Sie weiter aktive Vorsorge. Dazu gehören alle Vitamine der B-Gruppe und ihre unersetzbaren Kofaktoren. Durchgängige Gefäße und ein ungestörter Blutstrom bilden die Voraussetzung für langanhaltende körperliche und geistige Gesundheit.

Die hilfreichen Stoßdämpfer gegen den Streß, der heutzutage niemanden verschont, sind in BAKANASAN Vitamin-B-Kapseln aus dem neuform-Reformhaus oder Sanhelios Vitamin-B-Komplex-Kapseln aus der Apotheke und Drogerie enthalten und im Handel zu erhalten.

14. Kapitel
Das Sonnenvitamin D für gesunde und feste Knochen

Wußten Sie, daß schon ab dem 30.–35. Lebensjahr – insbesondere bei Frauen – Umbauprozesse der Knochensubstanz stattfinden, die als Osteoporose (Knochenschwund) bezeichnet werden? Im Alter von 60–70 Jahren hat sich nach und nach der Mineralgehalt des Knochensystems um 30 Prozent vermindert. Es gibt in den medizinischen Bibliotheken in aller Welt eine Vielzahl von Artikeln, die auf den Vitamin-D-Bedarf von Kindern hinweisen. Wenig Beachtung wird der Tatsache geschenkt, daß gerade Erwachsene Vitamin D bitter nötig haben. Im Verlauf der Osteoporose erfolgt ein langsamer Knochenumbau, der durch die Verminderung der Mineralmasse und die Vergrößerung der Markhöhle gekennzeichnet ist. Millionen Menschen, darunter sehr viel junge und nahezu alle über 60 Jahren, leben mit porösen Knochen und der Gefahr, aus nichtigem Anlaß einen Knochenbruch zu erleiden. Vitamin D ist unmittelbar daran beteiligt, Kalzium aufzunehmen und in Knochen und Zähnen anzulegen. Geschieht das nur unzulänglich, sind Zahnschäden, Haltungsstörungen und Rückenschmerzen die unmittelbare Folge. Eine vernünftige Aufklärung und Vorsorge könnte ungezählte krumme Rücken und schmerzhafte Verbiegungen der Knochen verhindern.

Man geht heute noch immer davon aus, daß durch die Sonneneinstrahlung genügend Vitamin D in der Fettschicht der Hautoberfläche gebildet wird, und läßt es dabei bewenden. Adelle Davis schreibt dazu: »Der Sonnenschein könnte eine ausgezeichnete Quelle dieses Vitamins sein, müßte man nicht in verschmutzter Luft leben, Kleider tragen, in Häusern wohnen und in heißem Wasser baden.«

Für die Bildung des Vitamins D durch die ultravioletten

Strahlen der Sonne ist die natürliche Fettschicht der Haut entscheidend. Wird vor dem Sonnenbad geduscht, gebadet und das Fett entfernt, entwickelt sich ebensowenig Vitamin D, wie wenn man danach Abkühlung sucht, Wasser und Seife benutzt. Durch ein Warmbad mit Schaumzusätzen geschieht die Vernichtung am gründlichsten.

- *Die Calciferole (Vitamin D) benötigen etwa drei Tage, um über den Blutkreislauf in den Körper zu gelangen.*

Ein weiteres Indiz der kümmerlichen Vitamin-D-Bildung ist unsere Luftverschmutzung. Die ultravioletten Strahlen der Sonne werden durch die Dunstglocken unserer Städte daran gehindert, unsere Haut in vollem Umfang zu erreichen. Wissenschaftliche Untersuchungen bestätigten die Annahme, daß sich wegen der schadstoffhaltigen Luft die körpereigene Vitamin-D-Bildung um mindestens 15 Prozent verringert. Wenn Sie ein Sonnenbad genießen, duschen Sie zuvor und hinterher höchstens lauwarm, und meiden Sie Schaumpräparate, die der Rückfettung der Haut den Garaus machen.

Wenn sich die Sonne rar macht, muß die Vitamin-D-Versorgung durch die Nahrung erfolgen. Der Lebertran ist eine ausgezeichnete Quelle, wird aber zumeist nur Kindern und Heranwachsenden empfohlen, um ein gesundes Knochenwachstum zu gewährleisten. Es scheint sich noch nicht hinlänglich genug herumgesprochen zu haben: auch nach der Wachstumsphase ist das Knochengerüst keineswegs eine »tote« Substanz, die unverändert bleibt. Unsere Knochen bestehen aus lebendigen Zellen, die sich im Verlauf von etwa vier Monaten stetig erneuern. Fehlen Vitamin D und Kalzium, entwickelt sich das neue Gewebe, aber es bleibt weich und biegsam. Daraus erklärt sich, daß zahlreiche Menschen ab der Lebensmitte scherzhaft erklären: Ich wachse wieder in die Erde.

In unseren Lebensmitteln ist das Vitamin D nur spärlich vertreten. Milch, Butter und Eidotter bieten nur dann etwas an, wenn die Hühner im Freien scharren konnten oder die Kühe auf Wiesen weideten. Unsere abgepackte H-Milch fällt als Vitamin-D-Lieferant ebenso aus wie Winterbutter. Um diese Versorgungslücke zu schließen, wird vielfach der Margarine Vitamin D hinzugesetzt. Um nur 100 I. E. zu erhalten, müßten Sie aber etwa 250 Gramm Margarine pro Tag essen. Bei einer empfohlenen Mindestversorgung von 200 I. E. für den Erwachsenen ist das ein äußerst dürftiger Beitrag zur lebenswichtigen Vitamin-D-Versorgung.

Im Henry-Ford-Krankenhaus in Detroit wurde der Versuch unternommen, jungen Erwachsenen eine kalziumhaltige Kost ohne Vitamin D anzubieten. Die Kalziumausscheidung war höher als die Aufnahme. Erst bei einer Versorgung mit Vitamin D stand die Menge des ins Blut übertretenden Kalziums parallel zum Verhältnis der eingenommenen Kalziumdosis. Die Studie ergab, daß es jungen Leuten und wahrscheinlich auch Erwachsenen gut bekommen würde, wenn sie täglich mehr als 400 I. E. Vitamin D erhielten. Früher – und vielfach auch noch heute – galt die Annahme, daß mit zunehmendem Alter die Knochen porös und brüchig werden müßten. Zahlreiche Tierversuche lieferten den Beweis dafür, daß bei einer guten Vitamin-D- und Kalzium-Versorgung die Knochen fester und kräftiger wurden, je länger die Tiere lebten. Ein getreues Spiegelbild unserer Knochensubstanz ist der Zustand der Zähne. Selbst wenn darüber noch keine vollkommene Einigkeit bei den Wissenschaftlern besteht, so häufen sich doch die Beweise dafür, daß eine verbesserte Vitamin D und Kalzium-Aufnahme Zahnverfall, Zahnfleischentzündungen und Parodontose stoppen. Das Dentin und der Schmelz ausgewachsener Zähne wird bei vollwertiger Kostgestaltung wieder regeneriert. Die Lockerung der Zähne beruht auf der Entkalkung der Kieferknochen. Am Ende bleibt von der Knochensubstanz so wenig übrig, daß sich die Zähne nicht mehr an ihrem Platz halten. Selbst wenn frühzeitig die »dritten Zähne« notwendig wurden und ein jugendlich-strahlendes Lächeln neue Lebensfreude schenkt, hört ohne Gegensteuerung der Abbau der Kieferknochen nicht auf.

Für Frauen vor, während und nach der Menopause ist die Vitamin-D-Versorgung besonders wichtig, da sonst der Abbau von Knochensubstanz rasch fortschreitet. Es ist im übrigen durchaus möglich, Hitzewallungen, Schweißausbrüche, Nervosität und depressive Verstimmung – als besondere Kennzeichen dieses Lebensabschnitts – mit Vitamin D und Kalzium zu lindern.

Vitamin D ist außerdem für den Energiehaushalt des Körpers erforderlich. Mit Hilfe von Phosphor wird Zucker in den Blutkreislauf übernommen und als Glykogen in der Leber gespeichert. Ist die Vitamin-D-Versorgung unzulänglich, können sich Zucker und Phosphor nicht ausreichend verbinden, und die Energiebilanz unterliegt Störungen. Kinder und Heranwachsende leiden an rascher Ermüdung. Es stellt sich daher die Frage, ob die übertriebene Naschsucht von Kindern und ungezählter Erwachsener wegen der geringen Verfügbarkeit des energiespendenden Blutzuckers und letztlich auch mit einem Vitamin-D-Mangel zu erklären ist. Bei vollwertiger Ernährung und einem ausgeglichenen Blutzuckerniveau nimmt das Verlangen nach Süßem schlagartig ab.

Zur Aufnahme von Vitamin D ist auch Fett notwendig. Wenn Sie sich wegen der schlanken Linie sehr fettarm ernähren, kann die Absorption von Vitamin D für Sie zum Problem werden. Störungen der Fettverdauung wie ein Mangel an Gallenflüssigkeit oder Krankheiten der Bauchspeicheldrüse führen zu Beeinträchtigungen der Vitamin-D-Aufnahme. Durch die Vitamine C und E sowie durch Cholin wird sie dagegen deutlich verbessert.

Überlassen Sie, wenn immer möglich, die unbekleidete Haut sinnvoller Sonnenbestrahlung. Trinken Sie täglich mindestens einen halben Liter Milch, und essen Sie Käse und Quark, um genügend Kalzium aufzunehmen. Auch eine Nahrungsergänzung mit Kalzium erweist sich als gute Alternative, um die Festigkeit der Knochen zu erhalten.

Vitamin D ist in hohen Dosen allerdings giftig und ruft Ermüdung und Schwäche hervor sowie Anzeichen, die dem Vitamin-D-Mangel ähneln. Als Faustregel gilt: 400 I. E. für den Erwachsenen sind als Nahrungsergänzung durchaus zu empfehlen. Vergiftungserscheinungen treten nach US-Untersuchungen erst zwischen 5000–30 000 I. E. Vitamin D pro Tag auf.

Neben der vernünftigen Ernährung sollte zur Vorbeugung der Osteoporose regelmäßig Sport getrieben werden. Ein leichtes Lauftraining hat sich nach wissenschaftlichen Untersuchungen als besonders wirksam erwiesen. Sobald ein Knochen ruhiggestellt wird, schreitet der Abbau der Mineralsubstanz fort.

Durch Körperbewegung läßt sich der Mineralanteil steigern. Nach neuen Schätzungen leiden hierzulande ungefähr 6 Millionen Menschen an Rückenschmerzen auf Grund entmineralisierter Knochen. Von den Älteren, deren Knochen abknickten und brachen, die auf Gelenkersatz angewiesen sind, ganz zu schweigen. Ich möchte nicht wissen, wie viele Bundesbürger wegen mangelnder Aufklärung verschlissene Hüftpfannen haben und darum nur noch unter Schmerzen laufen können.

15. Kapitel
Kalzium wirkt wie ein Wiegenlied

Schlafen Sie schlecht, stehen Sie morgens zerschlagen auf, fühlen Sie sich angespannt und überreizt? Es wird Sie wenig trösten, daß schätzungsweise 7–8 Millionen Bundesbürger Ihre Leidensgefährten sind und über Einschlaf- und Durchschlafschwierigkeiten klagen. Niemandem brauche ich zu sagen, wie wichtig der Schlaf für die Gesundheit, das körperlich-seelische Gleichgewicht und jugendliches Aussehen ist – oder umgekehrt, wie alt man sich fühlt und aussieht, wenn der erholsame Schlaf fehlte. Haben Sie sich schon einmal Gedanken darüber gemacht, daß Ihnen ein wichtiger Nährstoff fehlt? Der Körper verliert schon bei geringer Kalzium-Unterversorgung die Fähigkeit, sich zu entspannen und der wohligen Ruhe hinzugeben. Trotz Müdigkeit stellt sich der Schlaf nicht ein, oder er ist nur flach und von kurzer Dauer.

- *Durch zusätzliche Kalziumgaben wären unübersehbare Schäden, die der Dauergebrauch von Schlafmitteln verursacht, wirksam zu beheben.*

Ein bewährtes Hausmittel für den ersehnten Schlaf ist das Glas warme Milch. Das in der Milch enthaltene Kalzium beruhigt die Nerven, und die Wärme wirkt sich positiv auf Magen und Darm aus. Meistens ist heutzutage dieses Mittel aber nicht mehr hilfreich, denn der Kalziummangel ist groß und das Nervenkostüm durch Streß überreizt und an »scharfe« Schlafmittel gewöhnt. Nehmen Sie deshalb eine Kalziumtablette und ein Glas warme Milch. Wenn sich der Schlaf noch immer nicht einstellen sollte, wiederholen Sie den Versuch nach ein bis zwei Stunden. Kalziumtabletten haben in den USA den Spitznamen »Wiegenliedtabletten«.

Wie entsteht Kalziummangel? Durch den überreichlichen Verzehr von Weißmehlprodukten und Haushaltszucker wird die Kalziumaufnahme behindert. Säurebildende Stoffwechsel-Endprodukte verbinden sich mit Kalzium zu neutralen Salzen, lagern sich ab, und der Körper kann Kalzium nicht in der erforderlichen Menge aufnehmen. Obwohl nur etwa 1 Prozent des gesamten Kalziumanteils dem Blut, Organen und Geweben zur Verfügung steht (99 Prozent werden von Knochen und Zähnen beansprucht), kann eine Unterversorgung das Leben zur Hölle machen. Sie führt zu nervösen Spannungen und übler Laune, pausenlos wird Energie vergeudet, da Ruhe und Entspannung unmöglich werden und die Übermüdung in keinem Verhältnis zur tatsächlich erbrachten Leistung steht. Der Betroffene eilt hin und her, beginnt dies und jenes, leidet unter seiner Unfähigkeit, etwas zu Ende zu führen, und seine Umgebung seufzt unter der Unbeständigkeit und Reizbarkeit. Werden die Nerven ausreichend mit Kalzium versorgt, grenzt die positive Wesensveränderung nahezu an ein Wunder. Kalziummangel begünstigt Muskelkrämpfe und -zuckungen. Bei jeder Muskeltätigkeit wird Kalzium aufgenommen. Tritt die Entspannung ein, wandert das Kalzium in das umliegende Gewebe. Steht der Mineralstoff nicht in ausreichender Menge zur Verfügung, findet dieser biologische Ausgleich unzulänglich statt, und die Muskulatur verkrampft. Aus diesem Grund ist Kalzium für den Herzmuskel von außerordentlicher Bedeutung, um das ungestörte Ausdehnen und Zusammenziehen zu gewährleisten. Kalzium ist weiterhin an der Übertragung von Nervenimpulsen beteiligt, es verringert die Durchlässigkeit von Zellmembranen und unterstützt den Aufbau von Nucleinsäuren als wesentlichen Bestandteil jeder Körperzelle. Bei Frauen sinkt der Kalziumspiegel vor der Periode, so daß sich Reizbarkeit und depressive Verstimmung einstellen. Weiterhin kommt es nach dem Eintritt der Blutung zu Krämpfen in der Gebärmuttermuskulatur. Nehmen Sie statt der üblichen Schmerzmittel als Nahrungsergänzung Kalzium ein. Sie fühlen sich leistungsfähig, ausgeglichen und heiter. Ebenso wichtig ist Kalzium wegen des Ausfalls der Ovarialhormone während der Wechseljahre, um Reizbarkeit, Schlaflosigkeit und Spannungen zu überwinden. Ehe Sie zu Schmerzmitteln greifen, um Verspannungskopfschmerz und Migräne zu begegnen und Ihre Leber mit zusätzlicher Entgiftungsarbeit belasten, versuchen Sie es mit Kalzium in Form von Tabletten. Bei sehr starken Schmerzen sind Kalziuminjektionen angezeigt. Mich erstaunt, warum diese biologische Nahrungssubstanz nicht viel häufiger zur Schmerzbehandlung benutzt wird. Sie packt das Übel bei der Wurzel und überdeckt nicht nur die Symptome.

Nach neuen Erkenntnissen verdrängt Kalzium übrigens auch Blei aus den Geweben.

Außer unserem verläßlichsten Kalziumspender Milch enthalten Kohlrabiblätter, Austern und Schellfisch, Melasse, Sojabohnen und Bierhefe Kalziumanteile. Es handelt sich dabei um Nahrungsmittel, die durchaus nicht täglich auf dem Speisezettel zu finden sind. In der medizinischen Literatur werden einige weitere Nahrungsmittel als »reich an Kalzium« bezeichnet. Um aber daraus die notwendige Menge pro Tag tatsächlich zu erhalten, wären beispielsweise 80 Bananen, 33 Eier, 72 Äpfel oder 42 Orangen erforderlich.

Bei Nierensteinen und bereits festgestellten Kalziumablagerungen in den Gefäßen sollte niemals unkontrolliert Kalzium eingenommen werden. Sprechen Sie in diesem Fall mit Ihrem Hausarzt!

Milchzucker, Vitamin C und der B-Komplex begünstigen die Kalziumaufnahme. Fett ist zur Kalziumabsorption unerläßlich. Wenn Sie Magermilch oder Buttermilch bevorzugen, sollte gleichzeitig ein mit Öl angemachter Salat oder ein Butterbrot gegessen werden. Die Deutsche Gesellschaft für Ernährung empfiehlt für den Erwachsenen 900 mg Kalzium pro Tag. Diese Menge entspricht in etwa 3–4 Gläsern Milch. Das Angebot ist relativ niedrig und wird doch von den wenigsten unter uns überhaupt aufgenommen. Vor gar nicht so langer Zeit betrug das Kalziumangebot in der Schweiz – durch reichlichen Milchgenuß – etwa 6 Gramm pro Tag.

Vielleicht werden Sie zum Milchgenießer, um häuslichen Frieden, Heiterkeit und Gelassenheit zurückzugewinnen, insbesondere aber den Schlaf zu finden, der die vitalen Jahre des Lebens verlängert.

16. Kapitel
Kalium und Natrium – für ausgewogene Flüssigkeitsverhältnisse

Das Gleichgewicht unseres Flüssigkeitshaushaltes wird von Kalium und Natrium bestimmt. Um diese Ausgewogenheit zu erreichen, sollten sich beide Nährstoffe im Verhältnis 1 : 1 befinden.

- *Natrium hält Wasser in den Geweben, während es von Kalium hinausgeleitet wird.*

Natriumchlorid (Kochsalz) und Kalium halten die Körperflüssigkeiten im Idealfall auf einem neutralen Status. Sie bestimmen, wieviel Wasser in den Geweben zurückgehalten wird, befördern Nährstoffe durch die Zellwände und besorgen auf diese Weise das, was als osmotischer Druck bezeichnet wird. Speisesalz nehmen wir im allgemeinen überreichlich auf, und Kalium wird mit einer Vielzahl von Lebensmitteln wie Obst, Gemüse, Kartoffeln und Getreideprodukten angeboten. Der Witz ist nur: je höher die Kochsalzüberschüsse, um so mehr Kalium wird mit dem Urin ausgeschieden. Diesen biologischen Mechanismus sollte jeder Gesundheitsbewußte kennen, um sein Ernährungsverhalten darauf einzustellen. Abgesehen vom niedrigen Blutdruck, der eine besondere Beachtung der Kochsalzzufuhr erfordert, werden wir heutzutage von Natriumchlorid förmlich überschwemmt. Nahezu jedes industriegefertigte Nahrungsmittel enthält Kochsalz, und Natriumnitrate, die als Konservierungsmittel Verwendung finden, tragen ihr übriges dazu bei. Gesunde Nieren bewältigen Tag für Tag ein großes Pensum, in Streßsituationen jedoch, wenn die Kortisonausschüttung ansteigt, können derartig hohe Kochsalzmengen im Körper zurückgehalten werden, daß der Kaliummangel gefährliche Formen annimmt. Medikamente wie harntreibende Präparate, Abführ- und blutdrucksenkende Mittel verschärfen die Mangelsituation. Jede überhöhte Flüssigkeitszufuhr kann das Kalium hinausschwemmen. Extremer Kaliummangel kann zu Herzstillstand, Komplikationen der Darm- und Blasenfunktion sowie zu Lähmungserscheinungen führen. Allgemein gilt: Unsere hochraffinierten Lebensmittel erzeugen Kaliummangel! Die Folgen zeigen sich durch Müdigkeit, Blutzuckerabfall, Blähungen und Verstopfung, Muskelschwäche und Verlangsamung der Pulsfrequenz.

Niedrige Blutzuckerspiegel sind ein ernstzunehmendes Problem, da dadurch die Streßanfälligkeit steigt und die notwendige Anpassungsfähigkeit wegen verlangsamter Denkvorgänge und einer Vielzahl von Fehlleistungen gestört wird. Erhalten Menschen Kaliumchlorid, steigt der Blutzucker, und die Symptome verschwinden, während eine Kochsalzzufuhr den Blutzucker und den Kaliumstatus sofort wieder mindert. Die übermäßige Erschöpfung schreitet voran. Ohne Kalium kann Zucker nicht in Energie umgewandelt werden. Der Körper erhält nicht genügend Brennstoff, Müdigkeit und Ausfallerscheinungen stellen sich vorzeitig ein.

Kaliummangel ist auch ein Feind der schlanken Linie, denn Natrium dringt in die Zellen vor, und Wasseransammlungen in den Geweben sind die Folge. Statt die Kaliumzufuhr zu erhöhen und Natrium zu reduzieren, beginnt ein Teufelskreis, wenn Entwässerungspillen zur Gewichtsreduktion Anwendung finden. Die Urinausscheidung wird angeregt, und mit jedem Liter Wasser werden noch die letzten verfügbaren Kaliumanteile ausgeschwemmt. Wegen des gestörten Gleichgewichts binden die Gewebe rasch wieder Wasser, und daraufhin werden häufig die harntreibenden Mittel in erhöhter Dosierung eingenommen, schließlich will man doch endlich einen Erfolg sehen. Der schwerwiegende Kaliummangel kann in dieser Situation durch Blutzuckerabfall direkt in die vollkommene Erschöpfung hineinführen. Wie lebenswichtig der Mineralstoff für unsere Stoffwechselabläufe ist, beweist die

Tatsache, daß Kalium vielfach den Hauptanteil der Nährflüssigkeit darstellt, die Schwerkranke als Infusion erhalten. Senken Sie Ihre Natriumzufuhr auf etwa 5 Gramm pro Tag, und essen Sie reichlich Gemüse in frischem Zustand, Kartoffeln in der Schale gekocht (sonst geht das Kalium ins Wasser über), trinken Sie frischgepreßte Obst- und Gemüsesäfte und verzichten Sie auf Weißmehlprodukte und weitgehend auf Haushaltszucker. Hefe, Vollkorn, Bananen und Aprikosen (gedörrt) sind gute Kaliumlieferanten.

Kaliummangel hat eine verheerende Wirkung auf die Herzfunktion. Im Tierversuch traten bei kaliumfreier Fütterung bereits nach zwei Wochen schwere Veränderungen des Herzmuskels auf. Abgestorbene Zellen, Blutungen, Entzündungsprozesse und Verkalkung rundeten das Bild einer verhängnisvollen Degeneration ab.

Fragen Sie Ihren Hausarzt nach Kalinor Brausetabletten – sie enthalten 1,56 g Kalium in wohlschmeckender Form – oder nach Kalinor retard P, den schleimhautschonenden Kapseln mit einem Kaliumangebot von 315 mg. Ich habe beide probiert und kann sie als verträglich und jeder individuellen Situation angepaßt empfehlen.

Schützen Sie Ihren Lebensmotor! Ein schlagkräftiges Herz braucht Ihre Vorsorge, und Kalium kann dazu einen entscheidenden Beitrag leisten.

17. Kapitel
Magnesium – für ein kraftvolles Herz und starke Nerven

Die Wirksamkeit des Magnesiums ist mit einigen Worten zu umreißen: Die Natur besitzt ihre eigenen Beruhigungsmittel! Wäre das Bioelement nicht seit Urzeiten Bestandteil der menschlichen Kost, Magnesium müßte für die gehetzten Menschen des ausgehenden 20. Jahrhunderts erfunden werden. Furchtsamkeit, Lärmempfindlichkeit, Aggressivität und Reizbarkeit, Ruhelosigkeit und Schlafstörungen sind die Antworten auf Überforderung und auf Magnesiummangel. Zukkungen der Muskulatur, das Zittern der Hände, Krampfzustände in Waden und Füßen und unregelmäßiger Pulsschlag zählen zu den weiteren Reaktionen auf eine Magnesium-Unterversorgung.

An sich müßte unsere Nahrung durch Meeresfrüchte und Fleisch, Getreidekeime, grüne Gemüse, Zitronen und Äpfel genügend Magnesium anbieten. Die Frage ist nur: wieviel? Wachsen Pflanzen und Viehfutter auf überdüngten Böden, nehmen sie nur noch geringe Spuren des Mineralstoffs auf. Eine überdüngte, kalkhaltige Ackerkrume läßt Magnesium ins Grundwasser sickern. Daraufhin können die Pflanzen nicht genügend Magnesium aufnehmen.

Experten vermuten bereits, daß etwa 40 Prozent der Bewohner von Industriestaaten an Magnesium-Unterversorgung leiden. Das ist sehr bedrohlich, da Magnesium für jeden Herzschlag und Nervenimpuls und für jede Muskeltätigkeit benötigt wird. Die Zellen des Gehirns reagieren auf Magnesiummangel besonders empfindsam. Desorientiertheit, Verwirrung und Depressionen, selbst Wahnvorstellungen können die Folgen sein. Die Aufzeichnungen der elektrischen Wellen des Gehirns, der Muskulatur und des Herzens zeigen dann außerordentliche Verlaufskurven an.

Ein Magnesiummangel ist vom Arzt schwer feststellbar, da der Mineralstoff hauptsächlich in den Zellen, insbesondere in den weißen Blutkörperchen, angelegt wird und sich die Blutplasmawerte relativ konstant verhalten. Arzt und Patient können aber davon ausgehen, daß bei der Medikation mit wasserausscheidenden Medikamenten, blutdrucksenkenden Mitteln und Antibiotika sowie bei Durchfällen (auch durch Abführmittelmißbrauch), Muskelkrämpfen, Diabetes und Delirium tremens Magnesium fehlt. Bei einer Unterversorgung mit Magnesium sind die Körperzellen außerstande, genügend Kalium festzuhalten. Es besteht die Gefahr von Herzanfällen, Herzrhythmusstörungen, Brustenge und Herzinfarkt. Heute ist davon auszugehen, daß Magnesiummangel die erschreckend hohe Zahl von Herz-Kreislauf-Erkrankungen anhebt.

Im Tierversuch bewirkte eine cholesterinreiche Fütterung keine wesentlichen Veränderungen des Herzens und der Gefäße, solange genügend Magnesium als Gegengewicht zur Verfügung stand. Bei dem Bemühen, die Cholesterinanteile unter 200 mg bezogen auf 100 Kubikzentimeter Blut (Forderung der WHO) zu bringen, könnten eine magnesiumreiche Kost sowie die Anwendung von Magnesiumpräparaten einen entscheidenden Beitrag dazu leisten, die vitalen Jahre zu verlängern.

Für den Küchenalltag ist wichtig: der Magnesiumanteil der grünen Gemüse und Salate sowie des Frischkorns geht durch Einweichen und ausgedehnte Kochprozesse verloren. Wer als fröhlicher Gesellschaftstrinker etwa dreiviertel Liter Wein zu sich nimmt, verliert etwa drei bis fünfmal soviel Magnesium wie ein Nichttrinker! Ohne weiteren Alkoholgenuß und bei normaler Ernährung gleicht sich der Magnesiumspiegel erst nach 50–60 Stunden wieder aus. Kopfdruck, Zittern und Desorientiertheit nach Alkoholgenuß werden nur allzu leicht mit weiterem Trinken gebändigt. Dies kann zu einem extremen Magnesiummangel führen, und das dadurch hervorgerufene Unbehagen kann aus dem Gelegenheitstrinker leicht einen Abhängigen machen. Nehmen Sie vor einem feuchtfröhlichen Abend etwa 200 mg Magnesium zu sich, und erweitern Sie Ihre persönliche Vorbeugung mit 100–200 mg Vitamin E, um die Entgiftungsarbeit der Leber zu unterstützen. Außerdem: Zwei alkoholfreie Tage in der Woche sind für Ihre Gesundheit und Jugendlichkeit entscheidend wichtig!

Befindet sich genügend Magnesium im Körper, leistet der Mineralstoff einen Beitrag als Altersbremse der Zellen, indem er die Oxidation von Fettsäuren und Sauerstoff – im Verbund mit anderen Antioxidantien – einschränkt.

Der Magnesiumbedarf steht in enger Wechselbeziehung zum Kalziumangebot. Das heißt im Klartext: je höher die Kalziumaufnahme, desto reichlicher sollte die Magnesiumzufuhr ausfallen. Ein ausgewogenes Verhältnis ist gegeben, wenn die tägliche Aufnahme etwa 1 : 3 beträgt, d. h. 1500 mg Kalzium und 500 mg Magnesium.

Beide Mineralstoffe bauen in Gemeinsamkeit Streßreaktionen ab, die zu psychophysischen Erkrankungen führen und den Alterungsprozeß beschleunigen.

Ein klinischer Versuch in den USA konnte Magnesiummangel durch eine Kostgestaltung hervorrufen, die Millionen unter uns bevorzugen. Sie bestand vorwiegend aus Weißmehlprodukten, poliertem Reis, Makkaroni und anderen Nudeln, Zucker, Süßigkeiten sowie Konfitüre. Doch selbst wenn eine naturbelassene Kost bevorzugt wird, ist das Magnesiumangebot oft nur armselig. Sie enthält etwa 100 mg pro 1000 Kalorien. In diesem Zusammenhang ist wichtig, daß Diätkuren und jede kalorienreduzierte Ernährung einen Magnesiummangel beschleunigen können. Da das Magnesium zum Aufbau von Eiweiß und der Verarbeitung von Fetten und Kohlenhydraten unerläßlich ist und als Hochleistungselement etwa 320 stoffwechselaktive Enzyme aufbaut und steuert, verläuft in diesem Fall die Energieproduktion auf Sparkurs. Bei Magnesiummangel gehen große Mengen von Kalzium ungenutzt mit dem Urin verloren, obwohl sie der

Körper dringend benötigt. Der Magnesiummangel als Schrittmacher von Kalziumeinbußen ist somit eine entscheidende Ursache für Zahnverfall, Knochenerkrankungen und Osteoporose.

Es bleibt zu wünschen, daß in der ärztlichen Praxis die Ernährungslehre endlich Fuß faßt, daß statt der Vielzahl von Beruhigungsmitteln mehr Magnesium verordnet wird. Ungezählte Menschen, die Tag für Tag Tranquilizer benötigen, um Streß und Leistungsdruck zu überstehen, könnten durch ein ausreichendes Angebot von Magnesium zu fröhlichen und auch belastbareren Menschen werden.

■ *Magnesium wird nicht umsonst als Antistreßmineral bezeichnet!*

Generell benötigen Männer mehr Magnesium als Frauen. Die deutsche Gesellschaft für Ernährung empfiehlt für männliche Jugendliche und Erwachsene 350–400 mg, für Frauen 300–350 mg pro Tag. Hiermit ist ein Basisangebot gewährleistet, das vielfach nicht aufgenommen wird. Sprechen Sie mit Ihrem Hausarzt darüber, ob eine Nahrungsergänzung notwendig ist.

18. Kapitel

Winzige Spuren mit großer Wirkungsbreite

Zink: Nach neuen wissenschaftlichen Erkenntnissen wirkt sich das Spurenelement Zink äußerst positiv auf die Erhaltung der Jugendlichkeit aus. Zink ist am Aufbau gesunder Eiweißbausteine unmittelbar beteiligt und beeinflußt die Zellteilung und -reparatur positiv. Es hilft bei der Zerlegung von Fettsäuren, ermäßigt die Cholesterinwerte und aktiviert das Immunsystem. Die Ganzheitsmedizin nutzt Zink bei der Behandlung degenerativer Erkrankungen, um die körpereigene Abwehr und damit die Selbstheilungskräfte zu mobilisieren. Zink erweist sich seit Jahrzehnten als Beschleuniger unterschiedlicher Heilungsprozesse.

200 mg Zinksulfat – dreimal täglich verabreicht – kann bei Arteriosklerose und überhöhten Cholesterinwerten eine nebenwirkungsfreie Hilfe sein.

Bei Mensch und Tier führt Zinkmangel zu Störungen der Hormonbildung und der Fortpflanzungstätigkeit.

Bei hohem Alkoholgenuß und Abführmittelmißbrauch geht übermäßig viel Zink verloren.

Grüne Blattgemüse und Nüsse – falls sie auf nährstoffreichen Böden wuchsen – sind gute Lieferanten dieses Spurenelements.

Mangan: Männliche Tiere werden unter Manganmangel impotent, und die Weibchen verlieren ihre Fruchtbarkeit. Natürliche Manganquellen sind grüne Blattgemüse, Vollkornprodukte, Naturreis und Weizenkleie. Infolge der Entmineralisierung unserer Böden variiert das Manganangebot in den Lebensmitteln beträchtlich. Es gibt einige Präparate, die Mangan anbieten. Der optimale Tagesbedarf ist wissenschaftlich noch nicht hinlänglich erforscht, jedoch gelten

40 mg Mangan pro Tag als Höchstgrenze, da sonst die Eisenaufnahme behindert wird.

Chrom: Erhält unser Körper nicht genügend Chrom, kann sich die Bereitschaft verstärken, zuckerkrank zu werden. Einige Ernährungsexperten betrachten den Chrommangel als möglichen Faktor für die Zunahme von Altersdiabetes und die »Epidemie der Glukoseintoleranz«. Das heißt: Chrom kann die Wirksamkeit von Insulin verbessern und niedrige Blutzuckerspiegel anheben. Mit Vollkornprodukten und Hefepräparaten ist der Bedarf offenbar zu decken.

Eisen: Die meisten Menschen wissen von der Bedeutung des Eisens für den Sauerstofftransport des Blutes, der weitgehend für Frische, Aktivität und störungsfreie Stoffwechselabläufe sorgt. Nur herrscht erstaunliche Unkenntnis darüber, wie Eisen am besten vom Körper aufgenommen werden kann. Der weit verbreitete Eisenmangel beruht häufig auf einer Absorptionsstörung. Während der Verzehr von Süßem aller Art die Eisenaufnahme aus den Nahrungsmitteln hemmt, können saure Milchprodukte wie Kefir, Joghurt, Buttermilch oder 300 mg Ascorbinsäure über den Tag verteilt die Eisenaufnahme begünstigen. Die empfohlene Tagesmenge von 10–18 mg wird auch dann nicht durch die Nahrung erreicht, wenn nur ungenügende Mengen von Vitamin E und Vitamin B_6 zur Verfügung stehen.

Durch Blei und Cadmium wird die Bioverfügbarkeit von Eisen stark gemindert!

Das sogenannte Häm-Eisen aus Fleisch kann der Körper besser resorbieren als das sogenannte Nichthäm-Eisen aus pflanzlichen Lebensmitteln. Essen Sie darum etwa zweimal in der Woche eine Fleischmahlzeit und nehmen Sie weiteres Eisen aus Vollkornprodukten, Bierhefe und Weizenkeimen zu sich, um Vitalität, gutes Aussehen und eine befriedigende Versorgung ihrer 60–100 Billionen Körperzellen mit Sauerstoff zu gewährleisten.

Jod: Ein Jodmangel schafft nicht nur die Voraussetzung für die Vergrößerung der Schilddrüse, sondern er beschleunigt Alterungsprozesse. Die Unterfunktion der Schilddrüse verlangsamt alle Stoffwechselprozesse, führt zu Mattigkeit, niedrigem Blutdruck, Kältegefühl, Gewichtszunahme und vielfach zu Potenzverlust, kurzum: Jodmangel verursacht ein Leben auf »Sparflamme«. Insbesondere steigt die Anfälligkeit für Herzleiden und hohe Cholesterinspiegel. Die Bundesrepublik Deutschland zählt zu den Jodmangelgebieten. Um einer Unterversorgung gezielt zu begegnen, benötigen wir nicht mehr und nicht weniger als 5 Gramm jodiertes Speisesalz pro Tag. Das genügt, um die Schilddrüse gesund zu erhalten und ihre wichtige Hormonbildung zu unterstützen. Die Jodaufnahme wird durch die Vitamine E und A unterstützt. Wenn der Schilddrüse zu wenig Jod zur Verfügung steht, nimmt sie aus der Atmosphäre radioaktives Jod begierig auf. Sind die Zellen dagegen ausreichend gesättigt, können dem Schilddrüsengewebe diese Radionuklide wenig anhaben.

Die Schilddrüse besitzt eine Schlüsselstellung als Barometer psychophysischen Wohlbefindens! Nehmen Sie darum die Vorsorge mit Jodsalz keinesfalls auf die leichte Schulter. Falls Sie salzarm essen müssen, kann Ihnen der Arzt Jodtabletten mit einem angemessenen Anteil des Spurenelementes verschreiben.

Molybdän: Das Spurenelement Molybdän wurde bis vor kurzem einfach übersehen. Es scheint aber nach US-Berichten »in der Einschränkung von Alterungsprozessen von fundamentaler Bedeutung zu sein«. Molybdän spielt als Bestandteil von Enzymsystemen bei der Entgiftung des Körpers eine Rolle, senkt überhöhte Kupferspiegel, trägt dazu bei, Harnsäurespiegel niedrig zu halten (Vorbeugung der Gicht) und findet in der Krebsvorbeugung besonderes Interesse. Ein Defizit hat das Versiegen der Potenz bei älteren Männern zur Folge.

Natürliche Molybdän-Vorkommen sind Hülsenfrüchte und Meeresalgen.

Vanadium: Ein weiteres Mikroelement unserer gesunden Kost ist das erst kürzlich entdeckte Vanadium. Es kann den Cholesterinspiegel senken und die Gefahr der Gallensteinbildung mindern. Wenn das Angebot linolsäurehaltiger, hochungesättigter Fettsäuren zufriedenstellend ist (möglichst 10 Gramm pro Tag für den Erwachsenen), wird gleichzeitig Vanadium aufgenommen.

Silicium: Es besteht die Vermutung, daß Alterungsprozesse der Arterien, der Gelenke, des Bindegewebes und der Haut auch mit einer Unterversorgung durch Silicium im Zusammenhang stehen. Das Spurenelement ist ein Bestandteil der Bindegewebesubstanz und übt in dieser Weise eine wichtige Funktion bei der Biosynthese des Bindegewebes und der Knochen aus. Zur Aufnahme von Silicium ist Kupfer erforderlich, das zumeist reichlich im Organismus vorhanden ist. Natürliche Vorkommen sind Kieselerde, Kleie und alle Pflanzenfasern. Kieselerde mit ihrem hohen Siliciumgehalt ist für die Fingernägel und das Haar ein Jungbrunnen besonderer Art. Fragen Sie in der Apotheke oder im Reformhaus nach einem entsprechenden Präparat.

19. Kapitel

Knoblauch hält die Adern jung und elastisch

Der ungehinderte Blutfluß durch das etwa 100 000 Kilometer lange Gefäßsystem des Körpers wird durch Knoblauch unterstützt. Unsere fettreiche Nahrung, insbesondere aber das Überangebot gesättigter Fette tierischen Ursprungs, führt nicht allein zu Störungen des Cholesterin- und Fettstoffwechsels, sondern erhöht die Gefahr der Bildung von Thromben (Blutgerinsel). Ein Thrombus entsteht aus der Neigung der Blutplättchen, sich zusammenzuballen. Dieser Vorgang wird medizinisch als Thrombozytenaggregation bezeichnet. Die Blutklümpchen schädigen zarte Zellwände, indem sie Verletzungen verursachen, so daß sich Cholesterin- und Fettanteile des Blutes einnisten können und die sogenannten Plaques bilden. Sie fördern die Entwicklung einer Arteriosklerose, und diese wiederum bereitet dem Killer Nummer eins, den koronaren Herzkrankheiten, den Weg. Neue wissenschaftliche Studien zeigen eindeutig, daß mit Hilfe des Knoblauchs eine Thrombozytenaggregation gebremst und die gefahrvolle Neigung des Blutplasmas zur Gerinnung gemindert werden kann. Es handelt sich also keineswegs um ein Ammenmärchen über den »alten« Knoblauch, der zu den ältesten Heilpflanzen der Menschen zählt.

Der Satz: »Die Kraft deines Körpers liegt in den Säften der Pflanzen«, könnte hochaktuell im Zeichen der grünen Welle entstanden sein, er stammt aber von dem chinesischen Kaiser Shin Nong und ist immerhin 5600 Jahre alt.

Die bislang bekannten und seit Jahrtausenden genutzten vorbeugenden und heilenden Kräfte des Knoblauchs sind erstaunlich breit gefächert. So hilft er bei einer simplen Erkältung oder Darminfektion, mildert entzündliche rheumatische Erkrankungen und gilt als »Waffe« gegen Gefäßleiden.

Knoblauch zählt zu den somatensischen Pflanzen, das heißt: er verfügt über ordnende Eigenschaften, die das verlorene Gleichgewicht des Körpers von mehreren Seiten wieder herstellen.

Es gibt noch andere Pflanzen mit vergleichbaren Eigenschaften, wie den legendären Ginseng, das Eselskraut oder die Mikroalge Spirulina. Was den Knoblauch allerdings von ihnen unterscheidet, sind seine vier ganzheitsmedizinisch klaren Aktionswege im Körper, die das Jung- und Gesundbleiben auf besondere Weise unterstützen. An erster Stelle steht das gefährdete Herz-Kreislauf-System, das intensiver vorbeugender Maßnahmen bedarf. Von insgesamt 704 296 Bundesdeutschen, die im Jahre 1985 verstarben, verloren 358 990 Männer und Frauen ihr Leben durch Herz-Kreislauf-Leiden, und jedes Jahr kommen etwa 300 000–400 000 Neuerkrankungen hinzu. Zu den Hauptursachen gehören der überhöhte Fettgehalt des Blutes und der Bluthochdruck. Knoblauch greift in dieses Geschehen ein und schafft durch seine ordnende Wirkung den Ausgleich sowohl zwischen überhöhten als auch niedrigen Blutdruckwerten, die keineswegs immer mit Medikamenten problemlos zu beeinflussen sind. Weiterhin ermäßigt Knoblauch die Fettbestandteile von geringer Dichte (das *böse* Cholesterin = LDL), während er den Anteil der Lipoproteine hoher Dichte (das *gute* Cholesterin = HDL) anhebt. Durch diesen Wirkungsmechanismus senkt Knoblauch die Gefahr der Atherombildung in den Blutgefäßen, so daß die Ausbildung von Thromben abnimmt und das Zusammenballen von Blutplättchen deutlich gemindert wird. Die Elastizität der Arterien- und Venenwände bleibt länger erhalten, die Arteriosklerose und auch die Entwicklung von Krampfadern sind zu bremsen.

Knoblauch wirkt als Gerinnungshemmer, dem körpereigenen Heparin vergleichbar, und reinigt das Blut von giftigen Substanzen, die wir stets und ständig mit der Atemluft zu uns nehmen.

Das seit Jahrtausenden bekannte Naturheilmittel Knoblauch schickt sich an, als nebenwirkungsfreier Gegenspieler der Arteriosklerose mit seinen vorbeugenden und heilenden Kräften auch in Kreisen der Schulmedizin Anerkennung zu finden.

Der zweite ordnende Aktionsweg des Knoblauchs geht in Richtung Verdauungssystem, die Aufnahme der B-Vitamine im Darm geht ungestört vonstatten. Dieser Wirkungsmechanismus kommt dem streßanfälligen Nerven- und Herzkranz-System zugute. Gleichzeitig entfaltet Knoblauch seine entgiftende Wirkung bei Drogen- und Alkoholkonsum sowie Rückständen des Nikotingenusses.

Der dritte Aktionsweg ist ausgesprochen überraschend: Knoblauch wirkt als natürliches Antibiotikum. Nicht umsonst wurde vom »russischen Penicillin« gesprochen, da während des Ersten Weltkriegs jene Soldaten weniger unter Darminfektionen und Typhus litten, die täglich Knoblauch aßen.

Der vierte Weg besteht offenbar in der regulierenden und stabilisierenden Wirkung auf die Hirnanhangdrüse, die Schaltstelle des innersekretorischen Drüsensystems. Ihr ist beispielsweise die Insulinproduktion unterstellt. Genau hier ist die noch ausstehende wissenschaftliche Erklärung für die günstige Wirkung des Knoblauchs auf den Kohlenhydratstoffwechsel zu suchen. Knoblauch ist in der Lage, die körpereigene Hormonsteuerung anzuregen, die Ernährungssituation in Zellen und Organen zu verbessern, indem der Blutstrom ungestört durch das Gefäßsystem pulsiert. Diese vorbeugenden und heilenden Eigenschaften haben dem Knoblauch den Ruf eingebracht, eine gesundheitsstabilisierende, verjüngende und tonisierende Substanz zu sein.

In südlichen Regionen wird bekanntlich reichlich Knoblauch verzehrt, und nicht von ungefähr sind dort Herz-Kreislauf-Erkrankungen weitaus seltener als in den Ländern des Nordens, die für die Behandlung der Arteriosklerose und deren Folgen etwa 60 Prozent aller Therapiekosten im Gesundheitswesen aufbringen müssen. Es ist für uns ungewohnt,

Knoblauch als alltägliches Gewürz und vor allem so reichlich in unserem Ernährungsfahrplan einzubauen, daß seine verjüngenden und tonisierenden Eigenschaften zur Geltung kommen. Schließlich verbreitet Knoblauch für unsere Nasen einen sehr »charakteristischen« Geruch, der bei Ungezählten Antipathie und Unwillen hervorruft. Ich möchte zwar meinen, daß Nikotin, Alkohol, ein fauler Zahl, bestimmte Magenerkrankungen und andere Körperausdünstungen ähnliche Belästigungen der Umgebung darstellen, jedoch beim Knoblauch streiten sich die Geister, selbst wenn der Verzehr Gesundheit bewirkt. Damit wir auf die nebenwirkungsfreie Knoblauchtherapie nicht zu verzichten brauchen, gibt es die wertvollen Inhaltsstoffe in Kapseln, deren verzögerte Aufnahme im Darm jegliche Geruchsbelästigung unterbindet. Die schonende Aufbereitung erhält die schwefelartigen Inhaltsstoffe, die sich vom Allium bzw. dessen Abbauprodukt Allicin ableiten lassen. Die flüssigen Wirkstoffe des Knoblauchs bleiben als wertvolle Biokatalysatoren des Zellstoffwechsels in arzneilich aufbereiteter Form ebenso erhalten. An dieser Zusammensetzung ist die Qualität des jeweiligen Knoblauchpräparates zu messen, damit sich die vielfältigen Wirkungen des Phytopharmakons auch tatsächlich im Organismus entfalten. Mit Sicherheit sind diese in ihrer Langzeitwirkung zu sehen. Die vorbeugenden und ordnenden Kräfte des Knoblauchs greifen nachhaltig und stetig, und sie haben den unschätzbaren Vorteil der Unbedenklichkeit, auch bei jahrzehntelanger Einnahme. Auf Grund dieses biologischen Sicherheitsfaktors ist die Knoblauchtherapie eine ideale Möglichkeit der Selbstmedikation, zumal die Arteriosklerose einer langzeitig angelegten und regelmäßigen Vorbeugung bedarf. Herz- und Gefäßleiden, Sauerstoffnot, Durchblutungsstörungen, Erschöpfung und das Nachlassen der körpereigenen Abwehr sind kein Schicksal, das wir wehrlos hinnehmen müssen. Mit einer Ernährungsumstellung, weitgehendem Nikotinverzicht und regelmäßiger körperlicher Bewegung ist schon viel gegen das Volksleiden Arteriosklerose getan. Der Knoblauch als Gegenspieler der Gefäßverengung, brüchiger Arterienwände, überhöhter Blutfettanteile sowie gefährlicher Blutdruckwerte rundet die einzigartige Möglichkeit ab, in Eigeninitiative eine wirksame Barriere gegen vorgezogene Alterungsprozesse aufzubauen.

Einige Knoblauchpräparate enthalten zusätzlich Weißdorn und Mistel, da diese Substanzen auf biologisch nebenwirkungsfreier Basis eine Verbesserung der Durchblutung herbeiführen. Der Weißdorn aktiviert die Schlagkraft des Herzmuskels durch eine Verbesserung der Ernährung und Sauerstoffzufuhr. Weißdorn wirkt den degenerativen, langanhaltenden Veränderungen im Herzmuskel entgegen. Insbesondere diese degenerativen Erscheinungen bedürfen einer langfristig angelegten Vorbeugung, die durch Weißdorn gefahrlos möglich wird. Es wäre vollkommen fehl am Platze, vom Weißdorn eine Sofortwirkung zu erwarten, wie sie beispielsweise durch Digitalis oder Strophantin eintritt. Aus diesem Grunde findet der Weißdorn in der Klinik wenig Beachtung. Seine Wirksamkeit liegt zweifellos in der gut verträglichen Vorbeugung und Selbstmedikation, um der nachlassenden Herzleistung Einhalt zu gebieten. Die Mistel mit ihren zahlreichen ordnenden Heilkräften wirkt blutdrucksenkend. Im Tierversuch konnte diese Eigenschaft deutlich herausgestellt werden. Sie erfolgt auf dem Wege einer günstigen Beeinflussung des vegetativen, vom menschlichen Willen nicht steuerbaren Nervensystems.

Knoblauch, Mistel und Weißdorn werden in BAKANASAN »Knoblauch-Kapseln + Mistel + Weißdorn« im neuform-Reformhaus oder Sanhelios 333 »Knoblauch-Kapseln + Mistel + Weißdorn« in der Apotheke und Drogerie als ideale Kombination angeboten. Ihre aktive Gesundheitsvorsorge für ein kräftiges Herz und elastische Gefäße findet bei angepaßter Dosierung ohne jegliche Geruchsbelästigung statt.

20. Kapitel
Die Frischzellentherapie im Zwielicht ... weshalb?

Gerade wegen der emotionsgeladenen, kontroversen Diskussion um die Frischzellentherapie möchte ich das »heiße Eisen« nicht unkommentiert lassen.

Als im Jahre 1931 ein Schweizer Arzt im Verlauf einer Schilddrüsenoperation seine sechzigjährige Patientin verletzte, wurde Prof. Niehans herbeigerufen, um das Leben der Frau zu retten. Er injizierte ein Präparat aus den Nebenschilddrüsen eines frisch geschlachteten Stiers. Die sterbende Patientin zeigte kurz darauf wieder Lebenszeichen, konnte später aus dem Krankenhaus entlassen werden und wurde letztendlich über 90 Jahre alt. Diese Geburtsstunde der Frischzellentherapie ging in die Annalen der Medizin ein, und sie wurde gleichermaßen zum Anstoß für zahlreiche Ärzte in aller Welt, frische Zellen gegen Erkrankungen und Verschleißerscheinungen einzusetzen.

Das Zellmaterial wird Schafföten etwa einen Monat vor dem errechneten Geburtstermin entnommen, präpariert und dann dem Patienten intramuskulär gespritzt. Schafe werden besonders wegen ihrer hohen Widerstandsfähigkeit gegen Krankheit in der Frischzellentherapie als »Organspender« herangezogen. Zwischen der Schlachtung und der Injektion sollte möglichst nur eine Stunde verstreichen, um dem hohen Anspruch der tatsächlich frischen Zellen für die Behandlung zu entsprechen. Von Paracelsus stammt der Satz: »Gleiches heilt Gleiches« oder auch »Das Herz heilt das Herz, Lunge heilt Lunge, Milz heilt Milz«. Genau nach diesem Grundsatz wird verfahren, indem Zellextrakte des betreffenden tierischen Organs gespritzt werden, dessen Funktion im menschlichen Körper nur noch mangelhaft erscheint. Auf eine bisher nicht völlig geklärte Weise aktivieren die frischen Zellen offenbar erlahmte Reparaturmechanismen. Es scheint auch von geringer Bedeutung zu sein, daß es sich hierbei um Zellmaterial tierischen Ursprungs handelt. Die Hauptsache ist nur, daß es dem entsprechenden Organ entstammt, dem es im menschlichen Körper zugeordnet werden soll.

Selbst der anerkannte Frischzellenspezialist Paul Niehans konnte nicht lückenlos erklären, wie die Wirkung zustande kommt. Eine Theorie besagt, daß die frischen Zellen direkt in die DNS- und RNS-Systeme, d. h. in die Erbsubstanz der alternden Zellen eingreifen und neue verjüngte Informationen an neuzubildende Zellgenerationen weitergeben. Andere Erklärungen gehen in Richtung der Aktivierung bestimmter chemischer Substanzen im Zellhaushalt und daß die Spenderzellen überalterte Systeme erneuern. Wie dem auch immer sei, die Einflußnahme der Frischzellenpräparate ist unstrittig. Sie können positiver Natur sein, aber auch bei Patienten mit Infektionen die Bakterienaktivitäten verstärken.

Wer sich zu einer Frischzellentherapie entschließt, sollte sich über die Qualität des jeweiligen Hauses, der Ärzte und des Ursprungs der zu verwendenden Zellextrakte genau informieren. Gerade auf diesem Gebiet sind die Praktiken keineswegs immer seriös. Die Frischzellentherapie kam in Mißkredit, weil Zellextrakte verschiedener Tierarten benutzt wurden. Wenn überhaupt, konnten die besten Ergebnisse mit frischen, nicht aber mit lyophilisierten (gefriergetrockneten) Zellen erreicht und dokumentiert werden. Die Behandlung sollte nicht ambulant, sondern unter der ständigen Kontrolle erfahrener Ärzte und insbesondere nur nach einer gründlichen Untersuchung erfolgen.

Zahlreiche Menschen verdanken der Frischzellentherapie ihre Vitalität. Sie fühlen sich leistungsfähig und verjüngt, in ihrer Abwehrfähigkeit gegen Streß und Krankheiten gestärkt.

Der schwerkranke Papst Pius XII. wurde im Jahr 1954 von Prof. Niehans mit Frischzellen behandelt. Er erholte sich entgegen aller düsteren Prognosen des Vatikans und ernannte daraufhin seinen Retter zum Mitglied der Päpstlichen Akademie der Wissenschaften. Paul Niehans nahm den Sitz von Sir Arthur Fleming, dem Erfinder des Penicillins, ein, der nach dessen Tod vakant geblieben war. Selbst die Erfindung des Penicillins wurde über viele Jahre von Seiten der Schulmedizin nicht entsprechend gewürdigt. Nicht sehr viel anders ergeht es der Frischzellentherapie, die seit ihren Anfängen im Kreuzfeuer der orthodoxen Medizin steht, die sich offensichtlich auch nicht geneigt zeigt, sich sachlich mit neuen Methoden auseinanderzusetzen. Ich selber habe keine Erfahrungen mit der Frischzellentherapie, möchte aber vor Arroganz und Ignoranz warnen und allen Beteiligten den Grundsatz ans Herz legen: »Wer heilt oder bessert, hat recht.«

Wenn die seriöse Frischzellentherapie vorzeitige Alters- und Verschleißerscheinungen bremsen kann und den Menschen, die sich dazu entschließen, dabei hilft, ihre vitalen Jahre und ihre Lebensfreude und Schaffenskraft zu verlängern, so sollte ihr niemand dieses Angebot streitig machen, solange der Nutzen höher als irgendein erkennbarer Schaden liegt.[1])

Wenn allerdings Fehler einzelner Therapeuten die ganze Therapie ins Abseits stellen, so liegt die Frage nahe, wie es sich mit den Fehlern der Schulmedizin verhält. Offenbar wird mit zweierlei Maß gemessen.

Falls Sie Fragen zur Frischzellentherapie haben, können Sie sich an das »Deutsche Zentrum für Frischzellentherapie«, Latschenkortstr. 2, 8172 Lenggries wenden.

[1]) Die schon immer kontrovers diskutierte Frischzellentherapie ist durch das im August 1987 erfolgte vorläufige Verbot der Verwendung von Trockenzellen durch das Bundesgesundheitsamt und durch Verbote bzw. Einschränkungen der Anwendung der Frischzellentherapie durch die zuständigen Behörden einzelner Bundesländer noch umstrittener geworden (Anmerkung des Verlags).

21. Kapitel
Ginseng – die uralte Bremse gegen die Zeit

Es klingt wie ein Märchen: Nach chinesischer Überlieferung lebte der ehrwürdige Li Chung Yung 256 Jahre. Er wurde 1677 geboren und starb 1933. Sein Aussehen entsprach dem eines Fünfzigjährigen, als er bereits 200 Jahre alt gewesen sein soll.

Als sein Leben dem Ende zuging, war er mit seiner 24. Frau verheiratet. Die Quellen dieser unablässigen Vitalität führte Li auf seine streng vegetarische und knappe Ernährungsweise, konsequent durchgeführte Atem- und Laufprogramme, erholsamen und reichlichen Schlaf und die Einnahme von Ginseng zurück. Ich meine allerdings, daß die »Wunderwurzel« der Asiaten unbedingt dazugehört, wenn es um eine Verlängerung der vitalen Jahre unseres Lebens geht.

Ginseng konnte im Verlauf einiger Jahrzehnte die Aufmerksamkeit zahlreicher Wissenschaftler auf sich lenken, und sie veröffentlichten ihre Ergebnisse und Studien. Die dem menschlichen Körper frappierend ähnliche Wurzel besitzt offenbar Inhaltsstoffe, die dem fortschreitenden Alterungsprozeß entgegenwirken, indem u. a. die nachlassende Sauerstoffsättigung des Blutes wieder angehoben wird. Daraufhin verschwinden Müdigkeit und Leistungseinbußen. Durch die allgemein verbesserte Durchblutung wird auch die Funktion des Gehirns aktiviert, und die Stoffwechselabläufe in den Zellen verlaufen zügiger, so daß sowohl die Nährstoffversorgung als auch die Entschlackung unter optimaleren Bedingungen verläuft und vorzeitige Zellalterungen hinausgeschoben werden. Relativ neu ist die Meldung, daß Ginseng mit seinen blutreinigenden Fähigkeiten auch gegen die Auswirkungen radioaktiver und kosmischer Strahlung wirksam sei. Die allgemein tonisierenden Eigenschaften des Phytopharmakons auf den Gesamtorganismus mindert die negativen Auswirkungen jeder Streßbelastung, die Abwehrfähigkeit gegen Infektionen und Viren und trägt dazu bei, den Cholesterinspiegel in den Gefäßen abzubauen. Eine ganz wichtige Eigenschaft des Ginseng ist offenbar die Verbesserung der Proteinsynthese in der Leber und damit die Beeinflussung der DNS und RNS zur Verjüngung der Zellaktivitäten. Die Anhebung der Blutzirkulation und der Funktion des Drüsensystems, die günstige Beeinflussung der Verdauungsvorgänge bringen Schwung in den Stoffwechsel und tragen zum allgemeinen Wohlbefinden bei.

In Südkorea sah ich zahlreiche nach Lebensjahren alte, jedoch biologisch erstaunlich junge Menschen. Sie trinken Tag für Tag ihren Ginseng-Tee oder kauen zufrieden an einer Ginsengwurzel. Im »Land der Morgenröte« soll die beste aller Ginsengsorten wachsen, die erst nach sechs Jahren nach sorgfältiger Kultivierung geerntet wird und wegen der idealen Vegetationszeit alle Wirkstoffsubstanzen in vollem Umfang entfaltet. Wissenschaftler publizierten eine Entdeckung, die aufhorchen läßt: Die Inhaltsstoffe des Ginseng wirken auch als Antioxidantien und Gegenspieler freier Radikale, sie beschützen somit die Gesundheit der Zellen.

Es ist völlig unerheblich, ob der ehrwürdige Kräuterkenner Li Chung Yung oder sein Sohn – wie manche Kritiker behaupten – mit 256 Jahren verstarb. Immerhin hätte ja jeder von ihnen dann etwa 130 Jahre gelebt, und das spricht für die Einnahme von Ginseng und gleichzeitig für die Möglichkeit, auf Grund gesunder Lebensweise uralt zu werden.

Ginseng kam in den vergangenen Jahren in Verruf, weil seine Qualität in manchen Präparaten zu wünschen übrig ließ. Die verfrühte Ernte, falsche Aufzucht und unsachgemäße Verarbeitung ließen die Inhaltsstoffe schwinden, so daß Analysen eine starke Wertminderung aufdeckten. Fragen

Sie den Apotheker nach koreanischem Ginsengextrakt C. A. M., und Sie haben die Gewähr, Ginseng mit allen Wirkstoffen zu erhalten, der langfristig und regelmäßig eingenommen, Ihrer Gesundheit wohltut.

22. Kapitel
Das Gehirn muß nicht altern – »Gehirnjogging« hilft

Einer unerhörten Behauptung hat Prof. Dr. Herbert Haug von der Medizinischen Hochschule in Lübeck kürzlich erfolgreich den Kampf angesagt und den wissenschaftlich fundierten Gegenbeweis angetreten. Die alte Theorie, von renommierten Forschern und zahlreichen Medien seit etwa dreißig Jahren veröffentlicht, daß etwa ab dem 30. Lebensjahr täglich 100 000–300 000 Gehirnzellen zugrunde gehen, ist falsch! Prof. Haug konnte im Verlauf umfangreicher Untersuchungen an über 400 000 Nervenzellen zeigen, daß die Verkleinerung des Gehirns mit fortschreitendem Lebensalter nicht auf den Verlust, sondern auf eine Schrumpfung durch Wasserverluste der Zellen zurückzuführen ist. Wenn die Gehirnzellen Verstorbener vor der Präparation und nachfolgenden mikroskopischen Untersuchungen »gewässert« und anschließend zur Einbettung wieder »entwässert« werden, ist die augenscheinliche Schrumpfung weitgehend zu beheben. Allerdings stellen sich biologisch jüngere und wasserreichere Zellen mit höherer Zelldichte dar als die älteren.

Nach diesen neuen Untersuchungen »schrumpft« das Gehirn etwa bis zum 80. Lebensjahr um maximal 6–8 Prozent. Dabei verhalten sich die Gehirnabschnitte sehr unterschiedlich. Während solche, die für die motorische Leistungsfähigkeit verantwortlich sind, früher Verluste erleiden können, bleiben Gebiete, die sensible oder psychosoziale Funktionen unterhalten, unverändert. Die Seh- und Sprachzentren bleiben vor Einbußen des Alterns weitgehend verschont.

Infolge des Mißbrauchs von Alkohol und Drogen sowie außerordentlicher Streßsituationen und Krankheiten, durch die Bildung von Plaques in der unmittelbaren Umgebung von Nervenzellen des Gehirns und die Ansammlung von toxischen Metallionen gehen negative Auswirkungen auf die Nervenzellen über. Verluste der Gehirnfunktionen sind also auf äußerlich bedingte Umstände zurückzuführen. Die Verhärtung der Blutgefäße, Lipidperoxidationen an den Zellwänden, die Vernetzung der Gewebe durch faserige Eiweißsubstanzen können nicht nur im Gehirn, sondern in jeder Zelle des Organismus den Alterungsprozeß beschleunigen.

■ *Nicht die gelebten Jahre an sich, sondern vielmehr widrige und teilweise selbstverschuldete Umstände beeinflussen die Funktionstüchtigkeit des menschlichen Gehirns.*

Es liegt also weitgehend in den eigenen Händen, mit allen in diesem Buch aufgezeigten Möglichkeiten, den Gehirnzellen optimale Bedingungen zu schaffen und ihre Lebensfähigkeit zu erhalten.

Inzwischen wurden Programme der Universitäten Nürnberg-Erlangen von Psychologen entwickelt, die eindeutig belegten, daß durch gezieltes, geistiges Training, ein dem normalen Jogging vergleichbares »Gehirnjogging«, intellektuelle Ausfälle deutlich zu verbessern sind. Diese Erfolge wären nach Ansicht der Wissenschaftler vollkommen unmöglich, wenn die Gehirnnervenzellen abgestorben und durch biologische Alterungsprozesse tatsächlich verloren wären.

Ein weiteres Vorurteil konnte durch die Versuchsergebnisse von Prof. Haug ausgeräumt werden. Tatsächlich ist das Gehirn von Frauen etwa 100–150 Gramm leichter als das von Männern, aber die Anzahl der Neuronen, der Nervenzellen des Gehirns, ist bei beiden Geschlechtern gleich hoch.

Nicht der Umfang und das Gewicht des Gehirns entscheiden über unsere intellektuellen Leistungen, sondern die Gesunderhaltung der etwa 12–20 Milliarden Gehirnzellen und das fortlaufende Training unserer geistigen Fähigkeiten. Was bedeutet schließlich eine »Verlustquote« von 6–8 Prozent bis zum 80. Lebensjahr? Vergleichsweise wenig, wenn die reichen Erfahrungswerte eines langen Lebens die Persönlichkeit prägen und ihr Sicherheit, Ausstrahlung und Güte verleihen. Es war allerhöchste Zeit, unter die »veraltete Alterstheorie« vom Absterben der Gehirnzellen ab dem 30. Lebensjahr einen endgültigen Schlußstrich zu ziehen. Nicht allein darum, weil dieser Tiefschlag die bemerkenswerten Errungenschaften der Gerontologie in Frage stellt, sondern weil jeder von uns die großartige Möglichkeit in Händen hält, in Eigenverantwortlichkeit für ein langes Leben bei körperlich-geistiger Gesundheit sehr viel zu tun.

Gesundheit ist weniger ein Zustand als eine Haltung, die sich aus einer Fülle von Komponenten zusammenfügt, und sie gedeiht mit der Freude am Leben, die Thomas von Aquin als das erste Heilmittel gegen die Risikofaktoren des Alltags empfahl.

Register

Empfehlenswerte Literatur

Adelle Davis: *Jeder kann gesund sein.* Hörnemann Verlag, Bonn 1984.

Deutsche Gesellschaft für Ernährung: *Empfehlungen für die Nährstoffzufuhr.* Umschau Verlag, Frankfurt/M. 1985.

B. Mäder: *Richtige Ernährung, glücklicher Körper.* Allsan Verlag, 1983.

Michael Colgan: *Ihr persönliches Vitamin-Profil.* Hestia Verlag, Bayreuth 1985.

Earl Mindell: *Earl Mindell's Vitamin Bibel.* Heyne Verlag, München 1986.

Margaret Minker und Renate Scholz: *Naturheilweisen, Vorbeugen, Heilen.* Mosaik Verlag, München 1985.

Sieker/Kollert: *Tschernobyl und die Folgen.* Lamuv Verlag, Bornheim 1987.

Friedhelm Diel/Angelika Meier-Ploeger: *Reaktorkatastrophe in Tschernobyl und die Folgen.* o. O. o. J.

Wissenschaftliches Symposium *»Vitaminversorgung eine Aufgabe der Ernährung«.* Herausgeber Peter Eskes KG, 1983.

John A. Mann: *Geheimnisse der Lebensverlängerung.* Sphinx Verlag, Basel 1982.

Maria E. Lange-Ernst: *Heilfasten = gesund und schlank.* Humboldt Verlag, München 1982.

–, *Vitamin-E.* Heyne Verlag, München 1984.

–, *Krebs ... und danach?* Hädecke Verlag, Weil der Stadt 1984.

–, *Schutz vor Umweltgiften durch Vitamin-E und andere Vitalstoffe.* Heyne Verlag, München 1985.

–, *Balance im Zellstoffwechsel.* Heyne Verlag, München 1986.

–, *Stop – Herzinfarkt.* Herbig Verlag, München 1986.

–, *Bio-Element Magnesium.* Herbig Verlag, München 1986.

–, *Vitamin-C.* Heyne Verlag, München 1985.

–, *Die Sojabohne.* Herbig Verlag, München 1987.

Roy L. Walford: *Leben über 100.* Piper Verlag, München 1983.